KB186157

Alice in Wonderland

이상한 나라의 앨리스

이상한 나라의 앨리스

First edition: July 2009

TEL (02)2000-0515 | FAX (02)2271-0172
ISBN 978-89-17-23761-0

YBM Reading Library 는 ...

쉬운 영어로 문학 작품을 즐기면서 영어 실력을 크게 향상시킬 수 있도록 개발된 독해력 완성 프로젝트입니다. 전 세계 어린이와 청소년들에게 재미와 감동을 주는 세계의 명작을 이제 영어로 읽으세요. 원작에 보다 가까이 다가가는 재미와 명작의 깊이를 느낄 수 있을 거예요.

350 단어에서 1800 단어까지 6단계로 나누어져 있어 초·중·고 어느 수준에서나 자신이 좋아하는 스토리를 골라 읽을 수 있고, 눈에 쉽게 들어오는 기본 문장을 바탕으로 활용도가 높고 세련된 영어 표현을 구사하기 때문에 쉽게 읽으면서 영어의 맛을 느낄 수 있습니다. 상세한 해설과 흥미로운 학습 정보, 퀴즈 등이 곳곳에 숨어 있어 학습 효과를 더욱 높일 수 있습니다.

이야기의 분위기를 멋지게 재현해 주는 삽화를 보면서 재미있는 이야기를 읽고, 전문 성우들의 박진감 있는 연기로 스토리를 반복해서 듣다 보면 리스닝 실력까지 크게 향상됩니다.

세계의 명작을 읽는 재미와 영어 실력 완성의 기쁨을 마음껏 맛보고 싶다면, YBM Reading Library와 함께 지금 출발하세요!

YBM Reading Library

책을 읽기 전에 가볍게 워밍업을 한 다음, 재미있게 스토리를 읽고, 다 읽고 난 후 주요
구문과 리스닝까지 꼭꼭 다지는 3단계 리딩 전략! YBM Reading Library, 이렇게 활용
하세요.

Before the Story

Words in the Story
스토리에 들어가기 전,
주요 단어를 맛보며 이야기의
분위기를 느껴 보세요~

"Once, I was a real turtle,"
he said. "When we were
little, we went to school in
the sea."
"And how many hours
a day did you have lessons?"
interrupted Alice.
"Ten hours the first day,"
said the Mock Turtle.
"Then nine the next day, and then eight, and so on."
"How strange!" said Alice.
★ "That's why they're called lessons,"
said the Gryphon.
"They lessen from day to day."

수업(lesson)과 줄어들다(lessen)의 발음이
같은 것을 이용해 작가남은 말을 하고 있어요.

In the Story

★ 스토리
재미있는 스토리를 읽어요. 잘 모른다고
멈추지 마세요. 한 페이지, 또는 한 chapter를
끝까지 읽으면서 흐름을 파악하세요.

☆ once 한때는	☐ from day to day 하루하루, 날마다
☐ lesson 수업	☐ holiday 휴일
☐ interrupt (말하는 도중에) 끼어들다	☐ of course 물론
☐ and so on 등등, 그런 식으로 계속	☐ trial 재판
☐ How strange! 정말 이상해!	☐ take A by B A의 B를 잡다
☐ lessen 줄어들다	☐ hurry off 서둘러 가다

1 hear + 목적어(A) + ...ing(B) A가 B하는 소리를 듣다
They heard someone shouting in the distance.
그들은 멀리서 누군가 외치는 소리를 들었다.

2 even + 부사 비교급 더욱이, 한층 더
The Gryphon only ran even faster.
그리폰은 그저 더욱이 빨리 달릴 뿐이었다.

72 • Alice in Wonderland

★★ 단어 및 구문 설명
어려운 단어나 문장을 마주쳤을 때,
그 뜻이 알고 싶다면 여기를 보세요.
나중에 꼭 외우는 것은 기본이죠.

★★★ 돌발 퀴즈
스토리를 잘 파악하고
있는지 궁금하면 돌발 퀴즈로
잠깐 확인해 보세요.

beside the table.
The words on the box said, "EAT ME."
She opened the box and found a very small cak...
"I'll eat it," said Alice. "If it makes me bigger,
I can reach the key. If it makes me smaller,
I can creep under the door.
Either way, I can get into the garden."
She ate the cake and she started to grow. *
She grew and grew. Then her head hit the ...
She took the key and hurried to the door.

1 **make + 목적어(A) + 형용사 비교급(B)** A를 더 B하게 만들다
If it makes me bigger, I can reach the key.
만약 이것 내가 더 커지게 만들게 된다면 나 ...

Mini-Less ⊙ n

start(begin) + to + 동사원형/...ing: ~하기 시작하다

Mini-Lesson
너무나 중요해서 그냥 지나칠 수 없는
알짜 구문은 별도로 깊이 있게 배워요.

♪ Check-up Time!

* WORDS
빈 칸에 알맞은 단어를 보기에서 골라 써 넣으세요.

| pool | maps | garden | footsteps | corner |

1 Alice saw _____ on the walls.
2 The rabbit turned a _____
3 Alice wanted to play in the _____
4 There was a large _____ of tears.
5 Alice heard _____ in the distance.

* STRUCTURE
괄호 안의 두 단어 중 알맞은 단어를 골라 문장을 완성하세요.

1 Alice was (sitting, sat) on the riverbank.
2 Alice was (fall, falling), but very slowly.
3 "Oh, it's (get, getting) late!" said the Rabbit.
4 Alice began crying and couldn't stop (crying, cried).
5 The White Rabbit was (look, looking) for his gloves.

"Then, was the eleventh day
a holiday?" asked Alice.
"Of course it was," said the Mock Turtle.
Suddenly they heard someone shouting in the distance, [1]
"The trial's beginning!"
"Come on!" cried the Gryphon.
It took Alice by the hand and hurried off.
"What trial is it?" asked Alice, but
the Gryphon only ran even faster. [2]

★★★ ❓ 앨리스가 가짜 바다거북을 떠난 이유는?
a. 가짜 바다거북이 너무 많이 울어서
b. 가짜 바다거북의 말을 알아들을 수 없어서
c. 그리폰이 가자고 해서
그리폰

Chapter 4 · 73

Check-up Time!
한 chapter를 다 읽은 후 어휘, 구문,
summary까지 확실하게 다져요.

Focus on Background
작품 뒤에 숨겨져 있는 흥미로운 이야기를
읽으세요. 상식까지 풍부해집니다.

After the Story

Reading X-File 이야기 속에 등장했던
주요 구문을 재미있는 설명과 함께 다시 한번~

Listening X-File 영어 발음과 리스닝 실력을 함께
다져 주는 중요한 발음법칙을 살펴봐요.

MP3 Files
www.ybmbooksam.com에서 다운로드 하세요!

YBM Reading Library

이제 아름다운 이야기가 시작됩니다

Alice in Wonderland

_ Before the Story

_ In the Story

Lewis Carroll (1832~1898)

루이스 캐럴은 …

영국 북서부 체셔(Cheshire) 지방에서 태어났으며 본명은 찰스 러트위지 도지슨(Charles Lutwidge Dodgson)이다. 옥스퍼드 대학을 졸업하고 모교에서 수학과 논리학을 강의하던 캐럴은 내성적인 성격으로 주위 사람들과의 교류는 활발하지 못했으나 어린이들과 어울리는 것을 좋아하여 사진 기술과 마술을 익히고 재미있는 게임을 고안하는 등 어린이들의 좋은 친구가 되기 위해 노력하였다.

루이스 캐럴이라는 필명으로 1865년 어린이의 동심과 상상력을 담아 집필한 동화 〈이상한 나라의 앨리스〉가 출간과 함께 선풍적인 인기를 끌게 되면서 그는 당대 최고의 동화작가라는 찬사를 받게 되었다. 이후 저술 활동에 몰두한 캐럴은 1871년 〈이상한 나라의 앨리스〉의 속편 〈거울 나라의 앨리스(Through the Looking-Glass, and What Alice Found There)〉를 출간하였으며, 이후 소설로까지 창작 영역을 넓혀 〈스나크 사냥(The Hunting of the Snark)〉, 〈실비와 브루노(Sylvie and Bruno)〉 등과 같은 작품을 남겼다.

Alice in Wonderland

이상한 나라의 앨리스는 …

루이스 캐럴이 친구의 딸인 일곱 살 소녀 앨리스와의 대화를 바탕으로 집필한 동화로, 깜빡 잠이 든 앨리스가 꿈에서 몸이 커졌다 작아졌다 하며 겪는 신기한 모험을 그리고 있다.

꿈에서 토끼 굴로 떨어진 앨리스는 몸이 작아져 자신이 흘린 눈물 바다에 빠지지만 토끼의 집에서는 반대로 몸이 커져 집 안에 갇히기도 한다. 그 후 버섯 애벌레가 알려준 대로 몸 크기를 조절하는 버섯을 먹으며 모험을 계속하던 앨리스는 모자 장수와 3월 산토끼를 만나게 되고 이들로부터 시간이 티 타임에서 멈춘 사연을 듣게 된다. 이후 카드 나라의 이상한 크로케 게임에 참여한 앨리스는 왕과 여왕이 여는 이상한 재판을 구경하다 카드 병사들의 공격을 받는 아찔한 순간 잠에서 깨어난다.

오늘날에도 전 세계적인 사랑을 받고 있는 〈이상한 나라의 앨리스〉는 뒤죽박죽 얽힌 이야기로 어린이들을 신기하고 재미있는 상상의 세계로 이끌어 준다.

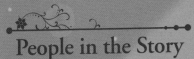

People in the Story

The King and Queen of Hearts
하트의 왕과 여왕. 멋대로 규칙을 만들며,
특히 여왕은 마음에 들지 않으면 목을
베라고 명령하는 버릇이 있다.

The Duchess
앨리스가 만난 심술궂은 공작부인.
자신의 아기를 앨리스에게 던지고
아기는 새끼돼지로 변한다.

The Hatter & the March Hare
앨리스가 티 파티에서 만난 모자장수와 3월 산토끼.
시간이 티 타임에서 멈춘 사연을 들려준다.

The Cheshire Cat
공작부인의 웃는 고양이. 앨리스
에게 모자장수와 3월 산토끼의
티 파티로 가는 길을 알려준다.

The Gryphon

사자의 몸에 독수리 머리와
날개를 가진 괴물. 앨리스를
가짜 바다거북에게 데려다 준다.

The Caterpillar

숲 속 버섯 위의 애벌레. 앨리스에게
몸크기 조절법을 알려준다.

The Mock Turtle

자신을 가짜라고 여기는
바다거북. 앨리스에게 자신의
어린 시절 이야기를 들려준다.

Alice

꿈 속에서 이상한 나라를
헤매는 소녀. 계속 몸이
커졌다 작아졌다 하면서
다양한 모험을 한다.

The White Rabbit

앨리스를 이상한 나라로 이끄는 토끼.
카드 나라의 재판에서 앨리스와 다시 만난다.

Words in the Story

tea party 티 파티

have tea 차를 들다

asleep 잠든

armchair 안락의자

teacup 찻잔

a pot of tea 차 한 주전자

cook 요리사

stir 휘젓다

fan 부채

rabbit 토끼

pot 냄비

a pair of gloves 장갑 한 켤레

caterpillar 애벌레

edge 가장자리

dish 움푹한 접시

pan 팬

plate 납작한 접시

mushroom 버섯

parade 행렬

carry 들고 가다

crown 왕관

playing cards 카드들

king 왕

queen 여왕

flat 납작한

stand on one's hands and feet 손과 발을 짚고 엎드리다

flamingo 홍학

hedgehog 고슴도치

witness 증인

trial 재판

juror 배심원

jury box 배심원석

a Beautiful Invitation
– YBM Reading Library

Alice in Wonderland

Lewis Carroll

Down the Rabbit Hole

토끼 굴 속으로

Alice was sitting on the riverbank. [1]
Beside her, her sister was reading a book.
Alice looked at her sister's book.
There were no pictures or conversations in the book.
"I hate books without pictures or conversations,"
she thought.
At that time, a white rabbit with pink eyes ran by.
Alice often saw white rabbits, but this one was
different.
It took out a watch and said, "Oh! I'm late! I'm late!"
Alice was very curious and ran after it.
The White Rabbit disappeared into a rabbit hole.
She followed the Rabbit and jumped down into
the hole.

---

1 **be 동사 + ...ing** (상태 또는 진행 중인 동작) …하고 있다
Alice was sitting on the riverbank.
앨리스는 강둑에 앉아 있었다.

Alice was falling and falling, but she fell very slowly.

So, she had time to look around her.

The sides of the hole were filled with cupboards [1]
and bookshelves.

Here and there, she saw maps and pictures on
the walls.

Down, Down, Down.

"I will fall through the Earth!" thought Alice.

Suddenly Alice landed. She was not hurt.

Then she saw the White Rabbit in the distance.

"Oh, it's getting late!" said the White Rabbit. [2]

It turned a corner. She ran after the Rabbit,
but he already disappeared!

☐ fall 떨어지다 (fall-fell-fallen)
☐ slowly 천천히
☐ have time to …할 여유가 있다
☐ cupboard 찬장
☐ bookshelf 책장
☐ here and there 여기저기
☐ map 지도

☐ through …을 꿰뚫고
☐ the Earth 지구
☐ suddenly 갑자기
☐ land 땅에 닿다, 착륙하다
☐ hurt 다친
☐ in the distance 멀리서
☐ turn a corner 모퉁이를 돌다

1 **be filled with** …로 가득하다
The sides of the hole were filled with cupboards and bookshelves.
굴의 벽면은 찬장과 책장으로 가득했다.

2 **be getting + 형용사** (이러다) …가 될 것이다
Oh, it's getting late! 이런, 이러다 늦겠는걸!

Alice was in a long room with low ceilings.
There were many doors in the room,
but they were all locked.
Alice saw a glass table and a golden key on it.
The key was fit to a very small door behind [1]
the curtains.
The door had a window. She looked through the
window, and saw a very beautiful garden beyond it.
She wanted to play in the garden,
but she was too big to go through the door. ☀
She went back to the table.
This time, she found a bottle on it.
The label on the bottle said, "DRINK ME."
Alice tasted it. It was good, and she drank it all.

□ ceiling 천장
□ locked (문이) 잠겨 있는
□ glass 유리, 유리로 만든
□ golden 금으로 만든, 금색의
□ look through …을 통해 보다
□ garden 정원, 뜰
□ go through …을 통과하다
　(go-went-gone)

□ find 발견하다 (find-found-found)
□ bottle 병
□ label 꼬리표
□ drink 마시다 (drink-drank-drunk)
□ taste 맛을 보다
□ shrink (크기가) 줄다
　(shrink-shrank-shrunk)

1 **be fit to** …에 딱 맞다
The key was fit to a very small door behind the curtains.
열쇠는 커튼 뒤에 있는 아주 조그만 문에 딱 들어맞았다.

"I feel strange!" said Alice. "Oh, I'm shrinking!"
She shrank and shrank.
Now she was small, so she could
pass through the door.

Mini-Lesson

too + 형용사(A) + to + 동사원형(B): 너무 A해서 B할 수 없다 See p. 96

too의 수식을 받는 형용사나 부사 다음에 to + 동사원형이 오면
'너무 …해서 ~할 수 없다' 즉 '~하기에는 너무 …하다' 라는 문장이 만들어져요.

• Alice was too big to go through the door.   문을 통과하기에는 앨리스가 너무 컸다.
• I was too tired to go out.   나는 너무 피곤해서 외출하지 못했다.

- □ at once 당장, 곧바로
- □ poor 불쌍한, 가여운
- □ leave 남겨두다, 놓고 오다
  (leave-left-left)
- □ reach …에 (손이) 닿다
- □ eat 먹다 (eat-ate-eaten)
- □ if 만약 …라면
- □ creep 기어가다
  (creep-crept-crept)
- □ either way 어떤 식으로든
- □ get into …로 들어가다
  (get-got-gotten)
- □ hit …에 부딪치다
  (hit-hit-hit)
- □ hurry to 얼른 …로 가다

Alice ran to the door at once.
But poor Alice! She had left the key
on the table. And now she could
not reach the top of the table.
Then she saw a little glass box
beside the table.

The words on the box said, "EAT ME."
She opened the box and found a very small cake in it.
"I'll eat it," said Alice. "If it makes me bigger, [1]
I can reach the key. If it makes me smaller,
I can creep under the door.
Either way, I can get into the garden."
She ate the cake and she started to grow. ☀
She grew and grew. Then her head hit the ceiling.
She took the key and hurried to the door.

---

1 **make** + 목적어(A) + 형용사 비교급(B) A를 더 B하게 만들다
  If it makes me bigger, I can reach the key.
  만약 이걸 먹고 더 커지면 열쇠를 잡을 수 있어.

Mini-Less☀n

start(begin) + to + 동사원형 / ...ing: …하기 시작하다
'…하기 시작하다' 라는 표현을 할 때, '시작하다' 라는 동사 start와 begin 다음에 오는
동사는 to + 동사원형 형태가 되어도 좋고 ...ing 형태가 되어도 좋습니다.
• Alice ate the cake and she started to grow. 앨리스가 케이크를 먹었더니 몸이 커지기 시작했다.
• Alice began crying. 앨리스는 울기 시작했다.

Poor Alice! She opened the little door with the key,
but she was now too big to get through!
She began crying.
"Stop crying," she said to herself.
"Stop crying right now!" [1]
But she couldn't stop crying.
She cried, and cried. There was a large pool of tears
all around her.
And when the tears touched Alice,
she began to shrink again.
"Oh, no," said Alice. "I am too small now!"
As she said these words, her foot slipped.
Splash! She was in salt water.
She first thought she was in the sea.
"I cried too much!" said Alice, "I might drown in [2]
my own tears."
And she swam to the shore.

 앨리스가 운 이유는?
a. 문을 열 수가 없어서
b. 문 밖으로 나갈 수가 없어서
c. 웅덩이에 빠져서

정답 b

□ right now 지금 당장
□ pool 흥건하게 고인 물, 웅덩이
□ tear 눈물
□ slip 미끄러지다

□ splash 풍덩
□ salt water 소금물
□ drown 물에 빠져 죽다
□ shore 기슭

1 **stop + ...ing** …하기를 멈추다
  Stop crying right now! 당장 울음을 그치란 말이야!

2 **might + 동사원형** (추측) …할 수 있다
  I might drown in my own tears. 내가 흘린 눈물에 빠져 죽을 수도 있겠어.

Then Alice heard footsteps in
the distance.
It was the White Rabbit again.
"Where did I drop them? Where?"
he said to himself.
He was looking for his gloves
and fan.
Then the White Rabbit saw Alice and said angrily,
"Mary Ann,* run home and fetch me a pair of gloves [1]
and a fan! Quick!" 옛날 영국에서는 하녀를 정갑게 부를 때
Mary Ann(메리 앤)이라고 했대요.
"He took me for his maid," thought Alice. [2]
She ran for a while and found a nice little house.

□ footstep 발자국(소리)
□ drop 떨어뜨리다
□ say to oneself 혼잣말하다
  (say-said-said)
□ look for …을 찾다
□ glove 장갑

□ fan 부채
□ angrily 화난 목소리로
□ run home 집으로 달려가다
□ fetch A B 가서 B를 A에게 가져오다
□ maid 하녀
□ for a while 잠시, 얼마 동안

1 a pair of (두 개가 짝을 이루는 것의) 한 켤레
  Mary Ann, run home and fetch me a pair of gloves and a fan!
  메리 앤, 집으로 뛰어가서 장갑 한 켤레와 부채를 가져와!

2 take A for B A를 B로 착각하다
  He took me for his maid. 나를 자기 집 하녀로 착각했나 봐.

There was the name
"W. Rabbit" on
the door.

Check-up Time!

빈 칸에 알맞은 단어를 보기에서 골라 써 넣으세요.

pool	maps	garden	footsteps	corner

1 Alice saw _____ on the walls.

2 The rabbit turned a _____.

3 Alice wanted to play in the _____.

4 There was a large _____ of tears.

5 Alice heard _____ in the distance.

● STRUCTURE

괄호 안의 두 단어 중 알맞은 단어를 골라 문장을 완성하세요.

1 Alice was (sitting, sat) on the riverbank.

2 Alice was (fall, falling), but very slowly.

3 "Oh, it's (get, getting) late!" said the Rabbit.

4 Alice began crying and couldn't stop (crying, cried).

5 The White Rabbit was (look, looking) for his gloves.

● COMPREHENSION

이야기의 흐름에 맞게 순서를 정하세요.

a. Alice fell down the rabbit hole.

b. Alice swam out of a pool.

c. Alice started to cry.

d. Alice ate a cake and grew big.

(　　) → (　　) → (　　) → (　　)

● SUMMARY

빈 칸에 맞는 말을 골라 이야기를 완성하세요.

Alice (　　) the White Rabbit into a rabbit hole. There, she found a beautiful garden beyond (　　). But she couldn't pass the door because she was too big! Poor Alice (　　). She soon became small, and fell in the pool of (　　).

a. cried

b. a small door

c. followed

d. her tears

ANSWERS

Comprehension | (a)→(d)→(c)→(b)　　Summary | c, b, a, d

CHAPTER 2

The Rabbit's House
and the Mushroom

토끼집과 버섯

Alice went in the White Rabbit's house.

In a little room, she saw a pair of gloves and a fan.

When she picked them up, she saw a little bottle.

There was no label on the bottle, but she thought,

"I hope this will make me big again.

I'm quite tired of being so little!" [1]

She started drinking, and her head soon reached the

ceiling. She quickly put down the bottle,

but she kept growing. [2]

Very soon she had to kneel down on the floor.

Then she had to lie down.

She put one arm against the door, and the other [3]

out of the window.

She put one foot up the fireplace.

"I can do nothing. What will happen to me?"

she said to herself.

---

1 **be tired of + ...ing** ···하는 것이 피곤하다 (힘들다)
  I'm quite tired of being so little! 이렇게 작은 상태로 있는 건 너무 피곤해!

2 **keep + ...ing** 계속 ···하다
  She kept growing. 앨리스의 몸은 계속 자랐다.

□ pick ... up ···을 집어 들다
□ quite 꽤, 정말
□ quickly 재빨리
□ put down ···을 내려놓다 (put-put-put)
□ kneel down 무릎을 꿇다
　(kneel-knelt-knelt)

□ lie down 눕다 (lie-lay-lain)
□ out of ··· 밖으로
□ put A up B A를 B 속으로 밀어 넣다
□ fireplace 벽난로
□ what will happen to
　···은 어떻게 될까?

3 **one ..., and the other ~** (둘 중) 하나는 ···, 나머지 다른 하나는 ~

She put one arm against the door, and the other out of the window.
앨리스는 한쪽 팔을 문에 기대고, 다른 팔은 창문 밖으로 뻗었다.

When he arrived home, the White Rabbit saw
a giant arm out of the window.
The Rabbit told his servant to throw pebbles at it. [1]

□ arrive 도착하다
□ giant 거대한
□ pebble 자갈
□ throw A at B B를 맞히려고
　(공격적으로) A를 던지다
　(throw-threw-thrown)

□ to one's surprise 놀랍게도
□ swallow 삼키다
□ right away 곧바로, 당장
□ run away from …에서 도망치다

The pebbles flew in through the window.
Alice saw the little pebbles on the floor.
To her surprise, they turned into little cakes! [2]
"If I eat one of these, I will get smaller," she thought. [3]
She swallowed one of the cakes, and she began shrinking right away.
She ran away from the house.

 본문의 내용과 맞지 않는 것은?
a. 흰 토끼가 자갈을 던졌다.
b. 자갈이 케이크로 변했다.
c. 앨리스는 다시 줄어들었다.

정답 ⓔ

1 **tell + 목적어 (A) + to + 동사원형 (B)** A에게 B하라고 하다
   The Rabbit told his servant to throw pebbles at it.
   토끼는 하인에게 팔에 자갈을 던지라고 했다.

2 **turn into** …로 변하다
   To her surprise, they turned into little cakes!
   놀랍게도 자갈들이 작은 케이크로 변했다!

3 **get + 형용사 비교급** 더 …해지다
   If I eat one of these, I will get smaller.
   이 중 하나를 먹으면 몸이 작아질 거야.

- □ mushroom 버섯
- □ nearby 근처에
- □ stand on tiptoe 까치발로 서다
  (stand-stood-stood)
- □ look over … 너머를 쳐다보다
- □ edge 가장자리

- □ caterpillar 애벌레
- □ on top of … 꼭대기에
- □ speak out 문득〔거리낌없이〕 말하다
  (speak-spoke-spoken)
- □ get up (아침에 잠자리에서) 일어나다
- □ many times 여러 번

"Oh!" said Alice, "I'm too small now.

I have to grow again! But how?

I should eat or drink something. But what?"

She looked around and found a big mushroom nearby.

She stood on tiptoe and looked over the edge.

Her eyes met those* of a caterpillar. 여기서 those는 the eyes를 가리켜요.

It was sitting on top of the mushroom.

The Caterpillar spoke out, "Who are you?"

"I don't know, sir," replied Alice.

"When I got up this morning, I knew who I was. ☀

But I've changed many times since then." [1]

"What do you mean by that?" said the Caterpillar. [2]

"But you must tell me who you are, first," said Alice.

"Why?" said the Caterpillar.

---

[1] **have + 과거분사** ··· **since then** 그 후로 여러 번(계속) ···하다
I've changed many times since then. 제가 그 후로 여러 번 변했거든요.

[2] **mean A by B** B로 A를 의미하다
What do you mean by that? 그 말이 무슨 뜻이지?

Mini-Less☀n

who + 주어 + be동사: ···가 누구인지
문장의 동사 뒤에 who가 오고 그 뒤에 주어와 be동사가 오면 '···가 누구인지'라는 뜻의
명사절이 된답니다. 이런 명사절은 문장 안에서 목적어 역할을 한답니다.

• When I got up this morning, I knew who I was.
  오늘 아침에 일어났을 때는 제가 누군지 알고 있었어요.
• You must tell me who you are, first. 먼저 당신이 누구인지부터 말씀해 주셔야죠.

Alice couldn't think of any good reason,
so she turned away.

"Come back!" said the Caterpillar. "So, you think
you've changed, do you?"

"Yes! I don't keep the same size for ten minutes!"
said Alice.

"What size do you want?" said the Caterpillar.

"Well, I would like to be a little taller," said Alice. [1]

The Caterpillar got down from the mushroom,
and crawled away into the grass.

"One side will make you taller, and the other side
will make you shorter," it said.

"One side of what? The other side of what?"
said Alice.

"Of the mushroom," said the Caterpillar.

In another moment it was out of sight. [2]

□ **think of** ···을 생각해내다, ···가 떠오르다
  (think–thought–thought)
□ **reason** 이유
□ **turn away** (몸을) 다른 곳으로 돌리다,
  다른 곳으로 향하다
□ **size** 크기

□ **get down from** ···에서 내려오다
□ **crawl away into** ··· 속으로
  기어가 버리다
□ **grass** 풀밭
□ **side** 쪽, 면
□ **in another moment** 다음 순간

1 **would like to**+동사원형 …하고 싶다
  Well, I would like to be a little taller. 지금보다 키가 조금 더 커졌으면 좋겠어요.

2 **be out of sight** 시야에서 사라지다
  In another moment it was out of sight. 다음 순간 애벌레는 사라져 버렸다.

□ for a minute 잠시
□ stretch …을 쭉 뻗다
□ chin 턱
   strike …에 부딪히다
   (strike-struck-struck)
□ carefully 조심스럽게, 신중하게
□ and then 다음에, 그런 다음
□ reach (수치나 수량이) …에 이르다
□ usual 원래의, 정상적인
□ height 키, 높이

Alice looked at the mushroom for a minute.
It was round, so Alice didn't know which side was [1]
right or left.
She stretched her hands around it, and broke off
a piece of mushroom with each hand.
Alice ate some of the piece in the right hand.
She shrank so quickly that her chin struck her foot! ☀
This time, she ate some of the piece in her left hand.
Her neck began to grow and grow, and soon she was
taller than the trees! [2]
She started again very carefully.

the other는 the other hand에서
hand가 생략된 거예요.

She ate a little at one hand, and then at the other. ★
She sometimes grew taller and sometimes shorter.
Finally, she reached her usual height.

[1] **which side is** 어느 쪽이 …인지
Alice didn't know which side was right or left.
앨리스는 어느 쪽이 오른쪽이고 왼쪽인지 알 수 없었다.

[2] **be + 형용사 비교급(A) + than + 명사(B)** B보다 A하다
Soon she was taller than the trees! 곧 앨리스는 나무보다도 키가 커지고 말았다!

Mini-Lesს☀n

See p. 97

so + 형용사/부사(A) + that절(B): 너무 A해서 B하다
'매우, 몹시, 너무나' 라는 뜻의 so가 형용사나 부사 앞에 오고, 그 다음에 that절이 오면
'어찌나 …했는지(너무 …해서) ~하다' 라는 뜻의 문장이 만들어져요.

• Alice shrank so quickly that her chin struck her foot!
앨리스가 어찌나 빨리 줄어들었는지 턱이 발에 부딪혔다!
• I was so happy that I cried. 나는 너무 기뻐서 울고 말았다.

Check-up Time!

● **WORDS**

서로 관계 있는 단어를 찾아 연결하세요.

1 kneel   •   • a. end

2 swallow •   • b. face

3 edge   •   • c. leg

4 chin   •   • d. mouth

● **STRUCTURE**

빈 칸에 알맞은 단어를 골라 문장을 완성하세요.

1 Alice kept _____ .

   a. grow   b. growing   c. grew

2 I've _____ since then.

   a. change   b. changing   c. changed

3 What size do you _____ ?

   a. want   b. wanting   c. wanted

본문의 내용과 일치하면 T, 일치하지 않으면 F에 표시하세요.

1 Alice cried because she was so small.   ☐T ☐F

2 The White Rabbit threw pebbles at Alice.   ☐T ☐F

3 The Caterpillar told Alice to eat the mushroom.   ☐T ☐F

● SUMMARY

빈 칸에 맞는 말을 골라 이야기를 완성하세요.

In the White Rabbit's house, Alice grew too big to (   )!
But she ate a cake on the floor and (   ) back. In the
wood she met a caterpillar sitting on a mushroom. He
said (   ) of the mushroom would make her taller, and
(   ) side shorter.

a. shrank

b. the other

c. one side

d. move around

CHAPTER 3

The Cheshire Cat

체셔 고양이

Alice began walking and came to an open place.
She saw a little house. It was about four feet high. ¹
"The people who live here must be very small," ☀
thought Alice. "I don't want to frighten them."
She ate some mushroom from her right hand.
Soon she was nine inches tall.

□ open place 탁 트인 곳
□ foot (길이단위) 피트; 약 30센티미터
□ frighten …을 겁주다
□ inch (길이단위) 인치; 약 2.5센티미터
□ footman 하인
□ wood 숲
□ loudly 쾅쾅, 요란하게
□ knock at (문을) 두드리다

□ curly 곱슬거리는
□ wig 가발
□ queen 여왕, 왕비
□ duchess 공작부인
□ invite A to B B하는 데 A를 초대하다
□ croquet (운동경기, 놀이) 크로케
□ pull A from B B에서 A를 꺼내다
□ hand A to B A를 B에게 건네주다

Then she saw a footman running from the wood. [2]
He had the face of a fish.
He knocked loudly at the door of the little house.
Another footman opened the door.
He had a big head and large eyes like a frog.
Both of the footmen had curly white wigs on their
heads.
The Fish Footman said, "The Queen invites
the Duchess to play croquet."
He pulled a letter from his pocket and handed it
to the Frog Footman.

---

[1] 숫자 + 길이단위 + high 높이(키)가 …인
It was about four feet high.
그 집은 높이가 1미터 20센티미터쯤 되어 보였다.

[2] see + 목적어(A) + ...ing(B) A가 B하는 모습을 보다
Then she saw a footman running from the wood.
그때 앨리스는 숲에서 하인 한 명이 달려 나오는 것을 보았다.

Mini-Less☀n

관계대명사 who

관계대명사는 두 문장을 이어주는 역할을 해요. 예를 들어 I met the girl. + The girl
was pretty. = I met the girl **who** was pretty.가 되지요.
관계대명사 who는 이렇게 사람을 나타내는 명사를 받아서 문장을 이어준답니다.

• The people who live here must be very small. 여기 사는 사람들은 분명 아주 작을 거야.
• The person who wrote this book is my cousin. 이 책을 쓴 사람은 제 사촌입니다.

After that, the footmen both bowed low and their
curls tangled together!
Alice laughed.
Then she thought the footmen might hear her,
and hid behind a tree.

□ bow low 깊이 고개 숙여 절하다
□ curl 곱슬머리, 머리의 곱슬거리는 부분
□ tangle 얽히다
□ hide 숨다 (hide-hid-hidden)
□ be gone 가고 없다
□ noisy 시끄러운
□ noise 시끄러운 소리, 소음

□ come from inside (소리가) 안에서
  들리다
□ sneezing 재채기소리
□ crash 깨지는 소리
□ whistle 휘파람 불다
□ mad 미친

When she looked again, the Fish Footman was gone.
Alice went up to the door and knocked. [1]
"There's no use knocking," said the Frog Footman. ✲
"I am outside, and it's noisy in the house,
so no one will hear you."
A very loud noise came from inside.
Alice heard crying and sneezing, and a loud crash.
"What should I do?" asked Alice.
"Anything you like," said the Frog Footman. [2]
He began whistling.
"Oh, there's no use talking to you," said Alice.
"You're mad!"
And she opened the door and went in.

---

[1] **go up to** ···에 다가가다
  Alice went up to the door and knocked.
  앨리스는 문으로 다가가 두드렸다.

[2] **anything you like** 좋을 대로 하세요
  "Anything you like," said the Frog Footman.
  "너 좋을 대로 해." 개구리 하인이 말했다.

Mini-Less ✲ n

there is no use + ...ing : ···해봐야 소용없다
'소용없다' 라는 의미의 there is no use 다음에 ...ing형태의 동사가 오면 '···해봐야
(아무) 소용없다' 라는 멋진 표현이 만들어져요.

• There's no use knocking. 문을 두드려봐야 소용없어.
• Oh, there's no use talking to you. 이런, 당신하고 말해봐야 아무 소용없군요.

The door led into a kitchen.

The Duchess was sitting on a stool.

She was holding a baby in her arms.

The cook was leaning over the fire,

stirring a pot of soup.

Alice began sneezing.

"There's too much pepper in that soup!" she said.

Even the Duchess and the baby were sneezing.

Only the cook and a cat didn't sneeze.

The cat was sitting on the floor and grinning from

ear to ear. [1]

"Why does your cat grin like that?" asked Alice.

"It's a Cheshire cat," said the Duchess.

"That's why. Pig!" grin like a Cheshire cat(까닭 없이 히죽히죽 웃다)을
이용한 말장난이에요.

Alice jumped when the Duchess said the last word.

But the Duchess was talking to the baby

and not to her. [2]

□ lead into (문이나 길이) …로 이어지다
  (lead-led-led)
□ stool (등받이 없는) 걸상
□ hold in one's arms …을 품에 안다
  (hold-held-held)
□ cook 요리사
□ lean over … 위로 몸을 숙이다
□ stir 휘젓다

□ pot 냄비
□ too much 너무나 많은
□ pepper 후추
□ even …조차도
□ grin 빙그레 웃다, 빙그레 웃는 웃음
□ Cheshire cat 체셔 고양이;
  얼룩 줄무늬 고양이
□ jump 깜짝 놀라다

1 **from ear to ear** 입이 귀에 걸릴 만큼

The cat was grinning from ear to ear.

고양이는 입이 귀에 걸릴 만큼 빙그레 웃고 있었다.

2 **to A, and not to B** B가 아니라 A에게

The Duchess was talking to the baby and not to her.

그것은 공작부인이 앨리스에게 한 말이 아니라 아기에게 한 말이었다.

Suddenly,
the cook
began throwing
things at the
Duchess and the
baby.
Pots, pans, plates,
and dishes!
The baby cried. A dish just missed
its nose.
"No! Don't do that please!" cried Alice to
the cook.

□ pan 팬; 납작한 냄비
□ plate 납작한 접시
□ dish 움푹한 접시
□ miss …을 비켜가다
□ Mind your own business
　 네 일에나 신경 써라

□ bother 귀찮게 하다
□ if you like 그러고 싶으면
□ mad 미친
□ get ready to+동사원형
　 …할 준비를 하다
□ hurry out of 서둘러 …에서 나가다

1 **throw A to B** B에게 A를 던져주다
She threw the baby to Alice.
공작부인은 이렇게 말하고 아기를 앨리스에게 던졌다.

2 **How could you ...?** (도대체) 어떻게 …할 수 있어?
How could you throw your baby? 어떻게 아기를 던질 수 있어요?

"Mind your own business," said the Duchess.
"And don't bother me. Here!
You may have it if you like!"
And she threw the baby to Alice. [1]
Alice cried, "How could you throw [2]
your baby? You must be mad." ☀
"Well, I must get ready to play
croquet with the Queen,"
said the Duchess.
And she hurried out
of the room.

Mini-Less☀n

must : …임이 틀림없다
조동사 must는 동사원형과 함께 쓰여서 '…임이 틀림없다(분명하다)' 라는 뜻을 만드는
경우가 많아요.

• You must be mad. 당신은 미친 게 틀림없어요.
• This must be true. 이건 사실임이 분명해.

Alice carried the baby
out into the open air.
The baby grunted.
Alice looked into its face.
Its nose was like a snout, not a real nose.
And its eyes were too small for a baby. [1]
It grunted again! It was a pig!
Alice put the little pig down, and it walked away
into the wood.
Then, she was surprised to see the Cheshire Cat. [2]
It was sitting on a bough of a tree.
"Cheshire Cat," said Alice, "please tell me.
Where should I go now?"
"You can go that way," said the Cat. "There lives a
hatter, and a March hare. 옛날에는 모자 만들 때 쓰는 약품 때문에 모자장수들이 정신이
But they're both mad. [*] 이상해지는 경우가 있었고, 산토끼는 짝짓기 철인 3월이 되면
성질이 사나워진대요. 그래서 고양이가 둘 다 미쳤다고 하는 거예요.
We're all mad here. I'm mad, and you're mad."

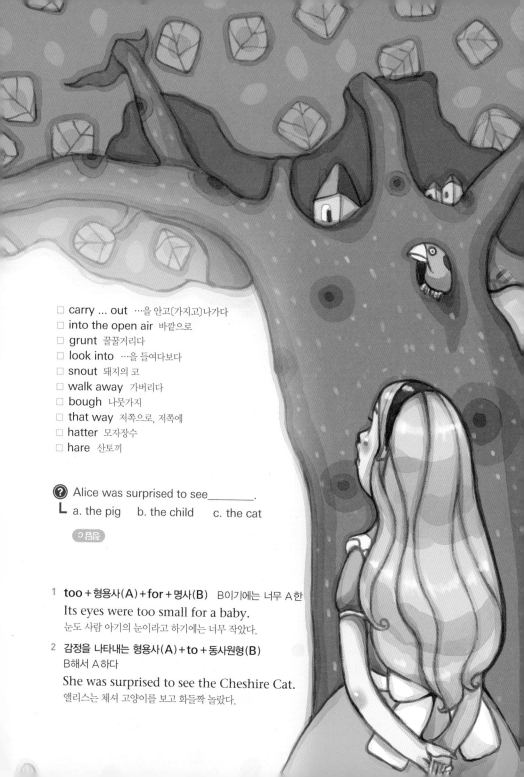

□ carry ... out …을 안고[가지고]나가다
□ into the open air 바깥으로
□ grunt 꿀꿀거리다
□ look into …을 들여다보다
□ snout 돼지의 코
□ walk away 가버리다
□ bough 나뭇가지
□ that way 저쪽으로, 저쪽에
□ hatter 모자장수
□ hare 산토끼

? Alice was surprised to see_____.
a. the pig   b. the child   c. the cat

정답 c

1 **too + 형용사(A) + for + 명사(B)** B이기에는 너무 A한
Its eyes were too small for a baby.
눈도 사람 아기의 눈이라고 하기에는 너무 작았다.

2 **감정을 나타내는 형용사(A) + to + 동사원형(B)**
B해서 A하다
She was surprised to see the Cheshire Cat.
앨리스는 체셔 고양이를 보고 화들짝 놀랐다.

"How do you know that I'm mad?" asked Alice. [1]

"If not, you won't be here," said the Cat.

"And how do you know that you're mad?"
asked Alice again.

"Well," said the Cat. "A dog growls when it's angry,
and wags its tail when it's happy.
I growl when I'm happy, and wag my tail
when I'm angry. Therefore I'm mad."

□ if not 그렇지 않다면
□ growl (개가) 으르렁거리다
□ angry 화가 난
□ wag (꼬리를) 흔들다
□ tail 꼬리

□ therefore 그러므로
□ purr (고양이가) 가르랑거리다
□ it's the same 마찬가지야
□ last 가장 나중에

"Cats purr, not growl," said Alice.

"Growling or purring, it's the same," said the Cat.

And it began to disappear quite slowly.

It began with the end of the tail, and then the body. [2]

Its grin disappeared last.

? 고양이가 앨리스에게 미쳤다고 하는 이유는?

a. 너무 많이 웃으니까
b. 고양이에게 길을 물어보니까
c. 그곳에 있으니까

ᄋ 目장

---

1 **How do you know + that절 ?** …라는 걸 어떻게 알지?

How do you know that I'm mad?

내가 미쳤다는 걸 어떻게 알지?

2 **begin with** …부터 시작하다

It began with the end of the tail, and then the body.

고양이는 꼬리 끝부터 시작해 다음에는 몸이 사라졌다.

"Well! I've often seen a cat without [1]
a grin," thought Alice.
"But a grin without a cat! What a strange thing it is!" ☀
Alice continued walking. [2]
She saw the house of the March Hare.
She decided to grow a bit before she went near.

She ate some of the mushroom from her left hand.

Soon she was two feet high.

Then she walked toward the house.

□ decide to + 동사원형 ···하기로 결심하다   □ go near 가까이 가다
□ a bit 조금, 약간   □ toward ···을 향해

1 **have + often + 과거분사** (과거의 경험) 종종 ···한 적 있다
I've often seen a cat without a grin. 웃지 않는 고양이는 종종 봤어.

2 **continue + ...ing** ···하기를 계속하다
Alice continued walking. 앨리스는 계속 걸었다.

Mini-Less☀n

What (a) + 형용사 + 명사 + (주어 + 동사)! See p. 98

'정말 ···하구나' 라는 감탄문은 What (a) 다음에 형용사와 명사를 쓰면 됩니다. 또 앞에 쓴 명사를
받는 대명사 주어와 동사를 뒤에 써 줄 수도 있고 생략할 수도 있다는 것도 함께 알아 두세요.

• What a strange thing it is! 정말 이상한 일도 다 있지!
• What a pretty flower! 꽃이 정말 예쁘구나!

Check-up Time!

● **WORDS**

빈 칸에 알맞은 단어를 보기에서 골라 써 넣으세요.

noise	tail	wood	cook	bough

1 Alice met the cat in the _____.

2 The baby made a very loud _____.

3 The _____ stirred a pot of soup.

4 It was sitting on a _____ of a tree.

5 A dog wags its _____ when it's happy.

● **STRUCTURE**

빈 칸에 알맞은 단어를 골라 문장을 완성하세요.

1 He pulled a letter _____ his pocket.

   a. in   b. with   c. from

2 She opened the door and went _____.

   a. in   b. with   c. from

3 She played croquet_____ the Queen.

   a. in   b. with   c. from

이야기의 흐름에 맞게 순서를 정하세요.

a. The Cheshire Cat grinned on the tree.

b. Alice saw two footmen at the door.

c. Alice walked to the March Hare's House.

d. The Duchess's baby turned into a pig.

(   ) → (   ) → (   ) → (   )

● SUMMARY

빈 칸에 맞는 말을 골라 이야기를 완성하세요.

> Alice went into (   ), and met her Cheshire Cat. When Alice was in the wood again, the Cat (   ) on a tree. He told her (   ) the Hatter and the March Hare. When the Cat disappeared, only (   ) remained on the bough.

a. his grin

b. to visit

c. appeared

d. the Duchess's kitchen

The Mad Tea Party and the Croquet Game

엉망진창 티 파티와 크로케 게임

In front of the house, a table was set out under a tree. [1]
The March Hare and the Hatter were having tea.
A dormouse was sitting between them. It was asleep.
The table was large, but the three were all at one
corner of it.
"No room! No room!" they cried out when they saw
Alice coming. [2]
"There's plenty of room!" said Alice.
She sat down in an armchair at the table.
"Have some wine," said the March Hare.
Alice looked around the table, but there
was only a pot of tea on the table.
"I don't see any wine," she said.
"There isn't any," said the March Hare.

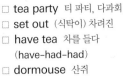

□ tea party 티 파티, 다과회
□ set out (식탁이) 차려진
□ have tea 차를 들다
  (have-had-had)
□ dormouse 산쥐
□ asleep 잠이 든

□ at one corner of …의 한 구석에
□ room (남는) 자리, 공간
□ plenty of …가 충분한
□ armchair 안락의자
□ wine 포도주
□ a pot of tea 차 한 주전자

1 **in front of** …의 앞에
In front of the house, a table was set out under a tree.
집 앞에는 나무 아래 식탁이 차려져 있었다.

2 **see + 목적어(A) + …ing(B)** A가 B하는 것을 보다
They cried out when they saw Alice coming.
그들은 앨리스가 오는 것을 보자 외쳤다.

"Then it wasn't polite to offer it," said Alice.※

"It wasn't polite to sit down without being invited," said the March Hare. The Hatter took a watch out of his [1] pocket and looked at it.

He held it to his ear.

"What day of the month is it?" said the Hatter to Alice.

□ polite 예의 바른
□ offer 권하다, 주다
□ be invited 초대받다
□ watch (몸에 지니고 다니는) 시계
□ hold ... to one's ear
　…을 귀에 가져다 대다

□ what day of the month is it?
　오늘 날짜가 뭐지?
□ clean A with B A를 B로 닦다
□ go wrong 고장 나다, 잘못되다
□ confused 어리둥절한, 이해를 못한

1 take A out of B B에서 A를 꺼내다
The Hatter took a watch out of his pocket and looked at it.
모자장수가 주머니에서 시계를 꺼내 들여다보았다.

2 that's why + 주어 + 동사 그런 이유로 …가 ～한 것이다
That's why it went wrong.
그래서 시계가 고장 난 거야.

"The fourth," said Alice.

"It's two days wrong!" said the Hatter. "I cleaned it with butter! That's why it went wrong." [2]

The March Hare took the watch and said, "But it was the best butter."

"Did they clean the watch with butter? What are they saying?" thought Alice.

She was very confused, but didn't say anything.

See p. 99

Mini-Less🔅n

It is + 형용사 + to + 동사원형: 주어가 길 때는 뒤로 보내세요~

영어에서는 주어가 길면 뒤로 보내고 앞에는 의미 없는 가짜 주어 it을 대신 두는 경우가 많아요. 그래서 It is + 형용사 + to + 동사원형의 문장이 만들어지죠. 이때 진짜 주어는 to + 동사원형 이하라는 것, 잊지 마세요.

• It wasn't polite to offer it. 그런 걸 권하는 건 예의 없는 행동이었어요.
• It is nice to have lots of books! 책이 많다는 건 좋은 일이에요!

"I quarreled with the time," said the Hatter. "Last March, I sang at the concert of the Queen. But the Queen said, 'He's killing the time! Off with his head!'"

"That's terrible!" cried Alice.

"Since then, the time is not friendly with me. Now, he won't do anything for me! [1] And it's always six o'clock now," * said the Hatter sadly.

영국에서는 보통 오후 4시에서 6시 사이에 차를 들면서 과자 등으로 간단한 요기를 하는 teatime(티 타임)을 가져요.

"Is that why so many teacups are out here?" asked Alice.

☐ quarrel with …와 싸우다(다투다)
☐ concert 음악회
☐ Off with his head!
　그의 목을 베라!
☐ terrible 끔찍한
☐ since then 그 이후로
☐ friendly with …와 친한
☐ sadly 서글프게
☐ teacup 찻잔
☐ teatime (오후의) 차 시간
☐ walk off 자리를 뜨다

"Yes," said the Hatter, "because it's always teatime, and we have no time to wash the ² cups."
Alice was tired of this strange conversation with them.
She got up and walked off.
"They must be mad. I'll never go there again!" said Alice.

❓ 앨리스가 미쳤다고 생각하는 것은?
a. The King and Queen
b. The Hatter and the March Hare
c. The teacups

정답 b

1 **do A for B** B를 위해 A를 하다
Now, he won't do anything for me!
시간은 이제 내 부탁은 전혀 들어주지 않아!

2 **have no time to + 동사원형** …할 시간이 없다
We have no time to wash the cups.
우리가 찻잔을 닦을 시간이 없거든.

Alice stepped into a beautiful garden.

There was a rose tree near the gate.

The roses on the tree were white, but three gardeners were painting them red.

The gardeners were playing cards and all flat.

"Please tell me," said Alice, "why are you painting those roses?"

"The Queen told us to plant a red rose tree here, but we planted a white one by mistake.

If the Queen finds it out, she'll have our heads cut ☀ off," said one of the gardeners.

Then an other gardener called out,

"The Queen! The Queen!"

And the three gardeners at once lay down.

- □ step into ⋯안으로 들어서다
- □ gardener 정원사
- □ paint ... red ⋯을 붉은색으로 칠하다
- □ playing card (카드놀이에 쓰는) 카드
- □ flat 납작한
- □ plant (나무를) 심다

- □ by mistake 실수로
- □ find ... out ⋯을 알아내다
  (find-found-found)
- □ have one's head cut off
  ⋯의 머리를 베라고 시키다
- □ call out 외치다

Mini-Less☀n

have + 목적어(A) + 과거분사(B): A를 B가 되게 시키다

have의 목적어 다음에 과거분사가 오면 주어가 다른 사람을 시켜 목적어를 그런 상태로 만들었다는 뜻이 된답니다.

• She'll have our heads cut off. 여왕님이 우리 머리를 베라고 하실 거야.
• My father had his car washed. 아버지가 차를 맡겨 세차시키셨다.

Ten soldiers marched in. Like the gardeners, they
were playing cards too. They carried clubs.*
The courtiers were next. These were also
playing cards, wearing diamonds. ¹
Next came the guests. ☀

세 잎 클로버가 그려져 있는
카드를 clubs라고 불러요.
그러니까 이 병사들은
클럽 카드들이라고 할 수 있죠.

□ march in 행진해 들어오다
□ club 곤봉
□ courtier 신하, 대신
□ guest 손님
□ among …중에
□ notice 알아보다, 알아차리다
□ go by 지나가다

□ knave (카드 중) 잭
□ crown 왕관
□ parade 행렬
□ your Majesty 폐하
□ Come on 따라 오너라
□ shout 외치다, 소리치다
□ join …에 끼다, …와 함께 어울리다

Among them Alice saw the White Rabbit.

He didn't notice her and went by.

After that, the Knave of Hearts followed.

He carried the crown on a velvet cushion.

Last came the King and Queen of Hearts.

When the parade came up to Alice, it stopped. ²

"What's your name, child?" asked the Queen.

"My name is Alice, your Majesty," said Alice politely.

"Can you play croquet?" asked the Queen.

"Yes!" replied Alice.

"Come on, then!" shouted the Queen.

Alice joined the parade.

1 **wearing + 명사** …을 걸치고(입고)
   These were also playing cards, wearing diamonds.
   신하들도 역시 카드였는데 다이아몬드를 걸치고 있었다.

2 **come up to** …에 다가가다
   When the parade came up to Alice, it stopped.
   앨리스가 있는 곳에 이르자 행렬이 멈춰 섰다.

Mini-Lesson

부사 + 동사 + 주어 : 부사가 앞에 오면 주어와 동사의 자리를 바꾸세요~

부사를 강조하기 위해 주어가 아닌 부사가 문장 맨 처음에 올 때도 있어요. 이때 뒤에
나오는 주어와 동사는 자리가 바뀌어 「부사 + 동사 + 주어」의 순서가 되지요.

• Next came the guests. 다음으로는 손님들이 들어왔다.
• Last came the King and Queen of Hearts. 마지막으로 하트의 왕과 여왕이 들어왔다.

"Get to your places," shouted the Queen.

People began running around in all directions.

The croquet game was very strange.

The balls were hedgehogs and the mallets were

flamingoes.

The soldiers stood on their hands and feet,

and made the gates.

"Let the game begin," said the Queen. [1]

☐ get to one's place 제 자리로 가다
☐ run around 이리저리 뛰어다니다
☐ in all directions 사방팔방으로
☐ hedgehog 고슴도치
☐ mallet 공을 치는 나무망치
☐ flamingo 홍학

☐ stand on one's hands and feet
  손과 발을 짚고 엎드리다
☐ at the same time 한꺼번에, 동시에
☐ confusing 혼란스러운
☐ player 선수
☐ except …을 제외하고

Everyone began playing at the same time.
It was very difficult to hit the moving hedgehogs ²
with a big bird.
The game was very confusing.
The Queen quarreled with all the other players.
"Off with his head!" she shouted. "Off with her head!"
Soon, all the players except the King, the Queen,
and Alice, were gone.

---

1 **let + 목적어(A) + 동사원형(B)**   A를 B하게 하다(허락하다)
   Let the game begin. 게임을 시작하라.

2 **it is difficult + to + 동사원형**   …하는 것은 어렵다
   It was very difficult to hit the moving hedgehogs with a big bird.
   커다란 새로 움직이는 고슴도치를 치는 것은 아주 어려웠다.

Then the Queen said to Alice, "Have you seen the Mock Turtle yet?" ☀

"No," said Alice. "I've never seen, or heard of one."

"Come on then," said the Queen.

"He'll tell you his history."

They started walking and soon saw a gryphon lying asleep in the sun.

"Get up, lazy thing!" said the Queen. "Take this young lady to see the Mock Turtle." [1]

And she walked away.

"Follow me," said the Gryphon.

Soon they reached where the Mock Turtle was. [2]

"This young lady wants to know your history," said the Gryphon.

The Mock Turtle sighed, and began his story.

□ mock 가짜의
□ turtle 바다거북
□ hear of …에 대해 들어보다
　(hear-heard-heard)
□ gryphon 그리폰; 사자 몸뚱이에 독수리의 머리와 날개를 가진 괴물

□ lie asleep 잠들어 누워 있다
□ in the sun 햇볕에
□ lazy 게으른
□ thing (경멸하는 투로) 녀석, 놈
□ young lady 아가씨
□ sigh 한숨 쉬다

1 **take A + to + 동사원형(B)** A를 데리고 가서 B하다
Take this young lady to see the Mock Turtle.
이 아가씨를 데려가서 가짜 바다거북을 보여주어라.

2 **where + 주어 + 동사** …가 ~하는 곳
They reached where the Mock Turtle was.
그들은 가짜 바다거북이 있는 곳에 다다랐다.

Mini-Lesson

의문문과 함께 쓰인 yet : 이제는, 지금쯤은

부정문에서 '아직'의 뜻으로 쓰이는 부사 yet이 의문문에서는 '이제는, 지금쯤은'이라는 뜻이
된답니다.

- Have you seen the Mock Turtle yet? 지금쯤 가짜 바다거북은 만나 보았느냐?
- Have you finished your homework yet? 너 이제 숙제는 다 했니?

"Once, I was a real turtle,"
he said. "When we were
little, we went to school in
the sea."
"And how many hours
a day did you have lessons?"
interrupted Alice.
"Ten hours the first day,"
said the Mock Turtle.
"Then nine the next day, and then eight, and so on."
"How strange!" said Alice.
"That's why they're called lessons,"
said the Gryphon.

수업(lesson)과 줄어든다(lessen)의 발음이
같은 것을 이용해 말장난을 하고 있네요.

"They lessen from day to day."

□ once 한때는
□ lesson 수업
□ interrupt (말하는 도중에) 끼어들다
□ and so on 등등, 그런 식으로 계속
□ How strange! 정말 이상해!
□ lessen 줄어들다

□ from day to day 하루하루, 날마다
□ holiday 휴일
□ of course 물론
□ trial 재판
□ take A by B A의 B를 잡다
□ hurry off 서둘러 가다

1 **hear + 목적어(A) + ...ing(B)** A가 B하는 소리를 듣다
They heard someone shouting in the distance.
그들은 멀리서 누군가 외치는 소리를 들었다.

2 **even + 부사 비교급** 더욱더, 한층 더
The Gryphon only ran even faster.
그리폰은 그저 더욱더 빨리 달릴 뿐이었다.

"Then, was the eleventh day
a holiday?" asked Alice.
"Of course it was," said the Mock Turtle.
Suddenly they heard someone shouting in the distance, [1]
"The trial's beginning!"
"Come on!" cried the Gryphon.
It took Alice by the hand and hurried off.
"What trial is it?" asked Alice, but
the Gryphon only ran even faster. [2]

❓ 앨리스가 가짜 바다거북을 떠난 이유는?
 a. 가짜 바다거북이 너무 많이 울어서
 b. 가짜 바다거북의 말을 알아들을 수 없어서
 c. 그리폰이 가자고 해서

정답 c

Check-up Time!

● WORDS

다음의 단어에 해당되는 뜻을 찾아 연결하세요.

1 offer   •

2 plant   •

3 march   •

4 sigh   •

• a. 행진하다

• b. 한숨 쉬다

• c. 나무를 심다

• d. 권하다

● STRUCTURE

빈 칸에 알맞은 단어를 골라 문장을 완성하세요.

1 _____ day of the month is it today?

   a. When   b. How   c. What

2 _____ the parade came up to Alice, it stopped.

   a. When   b. How   c. What

3 _____ many hours a day did you have lessons?

   a. When   b. How   c. What

본문의 내용과 일치하면 T, 일치하지 않으면 F에 표시하세요.

1 Alice was late at the tea party.   [T] [F]

2 The gardeners painted the roses red.   [T] [F]

3 The Queen invited Alice to play croquet.   [T] [F]

4 The Mock Turtle took Alice to the Gryphon.   [T] [F]

● SUMMARY

빈 칸에 맞는 말을 골라 이야기를 완성하세요.

Alice saw the Hatter and the March Hare having (   ).
Then she met (   ) of the King and Queen of Hearts and
their people. They were not really people, but (   ). After
she played croquet with them, Alice (   ) the Mock
Turtle, who told her his story.

a. a tea party

b. playing cards

c   the parade

d   went to

앨리스는 카드로 된 왕과 여왕, 정원사와 병사들을 만납니다.
이 기회에 카드에 대해 알아볼까요?

Cards! Cards! 카드를 알아봅시다!

In her adventures, Alice meets strange people, and
they are all playing cards! Let's learn more about
the cards.

There are 54 cards in each pack of playing cards.
52 of them have one of four patterns: 13 spades(♠),
13 hearts(♥), 13 diamonds(♦), and 13 clubs(♣).
Each pattern group has the cards of the numbers of
1 to 10, one Knave, one Queen and one King.

The other two cards are Jokers.
A Joker has no numbers, but a picture
of clown on it.

Each pattern has a meaning too. The spade
means a shovel, and the gardeners in the
story are spade cards. The heart means the
most important thing, so the King and
Queen are hearts. The diamond means the
money, and in the story, the courtiers wear
diamonds. Lastly, the club means a stick,
and the soldiers carry clubs.

모험을 하면서 앨리스는 이상한 사람들을 만나는데요,
그들은 모두 카드게임에 쓰이는 카드랍니다! 카드에 대해
좀 더 알아볼까요?
카드 한 벌에는 54장의 카드가 들어 있어요. 이중
52장은 네 개의 무늬 중 하나를 가지고 있지요. 즉 스페
이드 무늬 13장, 하트 무늬 13장, 다이아몬드 무늬 13장, 그리고
클럽 무늬 13장이 있어요. 각각의 무늬 모음은 1에서 10까지의 숫자를 나타내는
카드 10장과 잭 1장, 여왕 1장, 그리고 왕 1장으로 이루어져요.
나머지 두 개의 카드는 조커예요. 조커 카드에는 숫자가 없고 대신 광대 그림이
그려져 있어요.

각각의 무늬에는 의미도 있어요. 스페이드는 삽을 뜻해
요. 그래서 〈이상한 나라의 앨리스〉 이야기 속 정원
사들이 스페이드 카드죠. 하트는 가장 중요한 것
을 뜻하기 때문에 왕과 왕비가 하트 카드예요. 다
이아몬드는 돈을 뜻하고, 이야기에서는 신하들
이 다이아몬드를 걸치고 등장해요. 마지막으로
클럽은 곤봉을 뜻해요. 그래서 병사들이 곤봉
을 들고 있죠.

The Trial

재판

The King and Queen of Hearts were sitting on their thrones.

All kinds of birds and animals were there, as well as the whole pack of cards.

"The King is the judge," she thought,

"because he wears a wig."

The King wore his crown over the wig,

and he didn't look very comfortable.

The White Rabbit stood beside the King.

He had a trumpet in one hand,

and a scroll in the other.

"And that's the jury box," thought Alice.

"Those twelve animals must be the jurors."

In the middle of the court, there was a table.

Alice saw a dish of tarts on it.

They looked delicious, and she felt hungry.

□ throne 왕좌
□ all kinds of 온갖 종류의
□ as well as …뿐 아니라
□ the whole pack 온전한 한 묶음
□ judge 판사
□ wear (가발, 모자 등을) 쓰다
  (wear-wore-worn)
□ comfortable 편안한

□ trumpet (악기) 트럼펫
□ scroll 두루마리
□ jury box 배심원석
□ juror 배심원
□ in the middle of …의 한가운데에
□ court 법정
□ tart 타르트; 작은 파이의 일종
□ delicious 맛있는

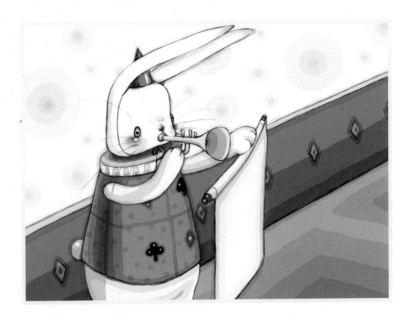

"Silence in the court!" cried the White Rabbit.

Then the King said, "Read the accusation!"

The White Rabbit blew his trumpet.

Then he unrolled the scroll and began to read.

□ Silence in the court! 법정 정숙!
□ accusation 고소장
□ blow (악기를) 불다
  (blow-blew-blown)
□ unroll 펼치다

□ steal 훔치다 (steal-stole-stolen)
□ witness 증인
□ at this moment 바로 이때
□ feeling 기분, 느낌

1 **take ... away** ···을 가지고 달아나다
  The Knave of Hearts stole those tarts, and took them all away!
  하트의 잭이 그 타르트를 훔쳐서 모두 가지고 달아났다!

2 **as long as** ···하는 동안
  She decided to stay as long as there was room for her.
  앨리스는 (커진 자신의 몸이 있을) 자리가 있는 한 버텨보기로 작정했다.

> "On a summer day, ☀
> the Queen of Hearts made some tarts.
> The Knave of Hearts stole those tarts,
> and took them all away!" [1]

"Very good! Call the first witness," said the King.
The White Rabbit blew the trumpet again,
and called out, "First witness!"
The Hatter came in. He had a teacup in one hand
and a piece of bread in the other.
At this moment, Alice had a very strange feeling.
Slowly, she was beginning to grow again.
She thought she would get up and leave.
But she decided to stay as long as there was [2]
room for her.

Mini-Less☀n

'때'를 나타내는 on
특정한 날을 나타내는 명사나 날짜 또는 요일 앞에는 전치사 on이 온답니다.
• On a summer day, the Queen of Hearts made some tarts.
  어느 여름날, 하트의 여왕께서 타르트를 만드셨다.
• I met them on the 5th of May. 나는 5월 5일에 그들을 만났다.
• We will go to the library on Sunday. 우리는 일요일에 도서관에 가기로 했다.

"Give your evidence," said the King to the Hatter.

"Don't be nervous or ☀ you will be punished."

The Queen kept staring at the Hatter, and shouted, "Bring the list of the singers at the last concert!"

The miserable Hatter dropped his teacup and bread.

"I'm a poor man, your Majesty," he begged.

"And you're a very bad speaker," said the King. "That's enough. You may go!"

□ give one's evidence 증언하다,
  증거를 대다 (give-gave-given)
□ nervous 긴장한
□ punish 벌을 주다
□ stare at ⋯을 노려보다
□ miserable 불쌍한
□ poor 보잘것없는, 가난한

□ beg 빌다
□ speaker 증인, 연사
□ That's enough. 그만하면 됐다.
□ hurriedly 급히, 서둘러
□ get to ⋯에 이르다
□ pick up 집어 들다
□ in a loud voice 우렁찬 목소리로

The Hatter hurriedly left the court.

"Off with his head!" shouted the Queen.

The soldiers got to the door, but the Hatter
was already out of sight.

"Call the next witness!" said the King.

The White Rabbit picked up
his list.

Alice wondered who would
be the next witness. [1]

And then she heard
him say in a loud [2]
voice, "Alice!"

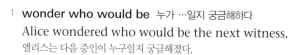

1 **wonder who would be** 누가 …일지 궁금해하다
Alice wondered who would be the next witness.
앨리스는 다음 증인이 누구일지 궁금해졌다.

2 **hear + 목적어(A) + 동사원형(B)** A가 B하는 것을 듣다
She heard him say in a loud voice, "Alice!"
앨리스는 흰 토끼가 우렁찬 소리로 "앨리스!" 하고 부르는 것을 들었다.

Mini-Less☼n

or의 또 다른 뜻: …하지 않으면

명령형 문장 다음에 or이 오고 또 다른 문장이 뒤이어 오면 '앞문장의 내용대로 하지 않으면
뒷문장의 내용대로 된다' 라는 뜻이 되지요.

• Don't be nervous or you will be punished. 긴장을 풀어라, 그렇지 않으면 벌을 받을 것이다.
• Get out, or you will be hurt. 나가세요, 그러지 않으면 다칩니다.

"Here!" cried Alice and she stood up.

She had grown quite big by now.

When she jumped up, she tipped over the jury box.

The animals fell on the floor.

"Oh, I'm sorry!"

She began picking up the animals quickly.

"What do you know about this business?"

asked the King.

"Nothing," replied Alice.

"That's very important," said the King.

He read out from his book, "Rule Forty-two. [1]

People more than a mile high must leave the court." [2]

Everybody looked at Alice.

1 마일은 약 1.6킬로미터니까 그럼 앨리스의 키가
3.2킬로미터? 그럼 방 안에 있을 수도 없겠죠!

"I'm not a mile high," said Alice.

"You are not," said the King.

"Nearly two miles high," said the Queen.

"Well, I won't go," said Alice.

□ by now 이때쯤
□ jump up 벌떡 일어나다
□ tip over 뒤집어엎다

□ business (맡은, 벌어진) 일
□ important 중요한
□ rule 법률

1 **read out from** …을 보고 큰 소리로 읽다
He read out from his book. 왕이 책을 보고 큰 소리로 읽었다.

2 **more than** …을 넘는
People more than a mile high must leave the court.
키가 1,600미터를 넘는 자는 법정을 떠나야 한다.

"There's more evidence, your Majesty,"
said the White Rabbit.
"What is it?" asked the Queen.
"Well," said the White Rabbit, "it's a poem."
"Read it," ordered the King.
The White Rabbit began reading.

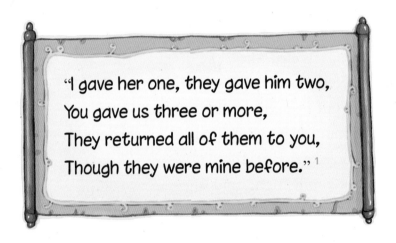

"I gave her one, they gave him two,
You gave us three or more,
They returned all of them to you,
Though they were mine before." [1]

□ poem 시
□ order 명령하다
□ return A to B A를 B에게 돌려주다

□ what it means 그것이 의미하는 것
□ obvious 명백한

1 **though** 비록 …이지만(일지라도)
Though they were mine before.
비록 전에는 그것들이 내 것이었지만 말이야.

2 **what + 주어 + did** …가 무엇을 했는지
That must be what he did with the tarts.
그놈이 타르트로 무엇을 했는지를 말하는 게 틀림없어.

"That's the most important evidence," said the King.

"Tell me what it means," said Alice.

"It's obvious," said the King, "I gave her one and they gave him two. That must be what he did with ² the tarts."

"But it says that they were all returned to you," said Alice.

? 86쪽 첫 번째 줄의 more evidence란?

a. the poem
b. the tarts
c. Alice

정답은 b

"Oh, that's true!" said the King. "We have the tarts right over there. That's clear. Let the jury decide first."

"No, no!" said the Queen. "Punishment first and then the jury decides if he did it or not." ☀

- □ right over there 바로 저기
- □ punishment 처벌
- □ Silence! 조용!
- □ one's full size …의 최대 크기
- □ into the air 공중으로
- □ rush at …에게 달려들다
- □ scream 비명을 지르다
- □ fight 막다, 싸우다
  (fight-fought-fought)

"Nonsense!" said Alice loudly. "You can't give the
punishment first!" * 앨리스의 말처럼 먼저 배심원들이 무죄인지 유죄인지 결정한 다음,
유죄로 판단되면 판사가 어떤 벌을 내릴지 선고하는 게 맞아요.
"Silence!" cried the Queen.
"I won't!" said Alice.
"Off with her head!" shouted the Queen.
Nobody moved.
"Who cares for you?" said Alice. She was now her [1]
full size. "You're only a pack of cards!"
Suddenly, the whole pack of cards rose up into the
air, and they rushed at Alice. [2]
She screamed and tried to fight them.
"Off with her head!" she heard the Queen shout.
"Off with her head!"

[1] **Who cares for ...?** 누가 …에게 신경이나 쓴대?
Who cares for you? 누가 당신에게 신경이나 쓴대요?

[2] **rise up into the air** 공중으로 날아오르다
Suddenly, the whole pack of cards rose up into the air.
그때 갑자기 카드들이 전부 공중으로 날아올랐다.

Mini-Less✷n

if + 주어 + 동사 + or not : …가 ~인지 아닌지
if절 끝에 or not이 붙으면 '…가 ~인지 아닌지'라는 표현이 만들어져요.
• The jury decides if he did it or not. 배심원단이 그자가 그랬는지 아닌지 결정한다.
• I don't know if he is happy or not. 나는 그가 행복한지 아닌지 모른다.

Alice opened her eyes, and she was on the riverbank,
with her head in her sister's lap. [1]

"Wake up, Alice!" said her sister. "You've had
a long sleep!"

"Oh, it was a dream!" said Alice.

□ wake up 잠에서 깨다　　　　　　□ tell A about B A에게 B에 대해 말하다
　(wake-woke-woken)　　　　　　 □ adventure 모험
□ have a long sleep 잠을 오래 자다　□ run for …을 향해 달려가다

1　**with her head in one's lap** …의 무릎을 베고
　She was on the riverbank with her head in her sister's lap.
　앨리스는 언니의 무릎을 베고 강둑에 누워 있었다.

2　**while** …하며, …하는 동안
　"What a wonderful dream it was," thought Alice, while she ran.
　앨리스는 뛰어가며 생각했다. '정말 멋진 꿈이었어.'

And she told her sister about her strange adventures.
She finished her story, and her sister kissed her
and said, "It was a wonderful dream. But now go
and have your tea. It's getting late."
Alice got up, and ran for her tea.
"What a wonderful dream it was," thought Alice,
while she ran. [2]

 90쪽 첫 번째 줄의 Alice opened her eyes.의 뜻은?
a. Alice woke up.
b. Alice was surprised.
c. Alice saw her sister.

 정답 e

Check-up Time!

● **WORDS**

빈 칸에 알맞은 단어를 보기에서 골라 써 넣으세요.

| picked | stole | looked | ordered | tipped |

1 The dish of tarts _____ delicious.

2 He _____ those tarts, and took them away.

3 The White Rabbit _____ up his list.

4 When she got up, Alice _____ over the jury box.

5 "Read it," _____ the King to the White Rabbit.

● **STRUCTURE**

괄호 안의 두 단어 중 알맞은 단어를 골라 문장을 완성하세요.

1 (He, His) had a teacup in one hand.

2 I gave (she, her) one, they gave him two.

3 Though they were (my, mine) before.

4 Alice screamed and fought (they, them).

● **COMPREHENSION**

이야기의 흐름에 맞게 순서를 정하세요.

a. The White Rabbit read the accusation.

b. The card soldiers rushed at Alice.

c. The Hatter came in and gave evidence.

d. Alice saw a dish of tarts in the court.

(   ) → (   ) → (   ) → (   )

● **SUMMARY**

빈 칸에 맞는 말을 골라 이야기를 완성하세요.

Alice arrived at (   ) of the Knave, who stole the Queen's tarts. All kinds of animals were there, too. Suddenly she began growing (   ), and the King and Queen were (   ) her. When the cards (   ) her, Alice woke up.

---

a. very big

b. the trial

c. came at

d. angry with

After
the Story

Reading X-File 이야기가 있는 구문 독해
Listening X-File 공개 리스닝 비밀 파일
Story in Korean 우리 글로 다시 읽기

본문 page 20
본문 page 39

Alice was too big to go through the door.

문을 통과하기에는 앨리스가 너무 컸다.

★   ★   ★

흰 토끼를 쫓아가다 토끼 굴에 떨어진 앨리스는 아름다운 정원으로 나가는 문을 발견하지만 문이 작아서 내다보기만 할 뿐 문 밖으로 나갈 수는 없었어요. 이때의 상황을 나타낸 위 문장에서 too + 형용사 + to + 동사원형이 보이나요? 바로 '너무 …해서 ~할 수 없다' 즉 '~하기에는 너무 …하다' 라는 뜻을 지닌 표현이에요. 이런 문장을 앨리스와 흰 토끼의 대화로 다시 볼까요?

I don't like this book.
It's too heavy to carry easily.

난 이 책이 싫어. 너무 무거워서 쉽게 가지고 다닐 수가 없잖아.

Alice

You can have that one, then.
It's light enough.

그럼 저 책을 가져. 저건 가벼우니까.

White Rabbit

Alice shrank so quickly
that her chin struck her foot!

앨리스가 어찌나 빨리 줄어들었는지 턱이 발에 부딪치고 말았다!

★ ★ ★

이상한 나라에서는 시도 때도 없이 키가 줄었다 커졌다 해서 앨리스의 고생이 이만저만 아닙니다. 버섯을 먹으면 키를 조절할 수 있다는 애벌레의 말에 얼른 버섯 한쪽을 뜯어 먹은 앨리스, 그만 키가 땅에 딱 붙고 말았어요. 그 모습을 나타낸 위 문장은 '어찌나 …했는지〔너무 …해서〕 ~하고 말았다' 라는 뜻의 so + 부사 + that절의 형식을 취하고 있어요. 앨리스와 애벌레의 대화로 다시 볼까요?

Alice

Can't you move a little faster?

좀 더 빨리 움직일 수는 없니?

Caterpillar

You walked so fast that I got tired.

네가 너무 빨리 걸어서 난 지쳐 버렸어.

What a strange thing it is!

정말 이상한 일도 다 있지!

★ ★ ★

숲 속에서 만난 체셔 고양이가 꼬리부터 서서히 사라지고 마지막으로 웃는 입만 남자, 놀란 앨리스는 위와 같이 말합니다. 이때 앨리스는 What (a) + 형용사 + 명사 + it is라는 문장으로 '정말 …한 일도 다 있지!' 또는 '정말 …하구나!' 라는 뜻의 멋진 감탄문을 만들고 있어요. 뒤에 나오는 it is는 생략할 수 있답니다. 앨리스와 고양이의 대화로 다시 볼까요?

I love this room.
This is so pretty!

난 이 방이 참 좋아. 너무 예뻐!

Alice

And what a lovely cushion it is!
I'll sleep on it.

그리고 저 쿠션 정말 근사한데! 나 저 위에서 자야지.

Cheshire Cat

It wasn't polite to offer it.

그런 걸 권하는 건 예의 없는 행동이었어요.

★ ★ ★

3월 산토끼의 티 파티에 간 앨리스는 3월 산토끼가 있지도 않은 포도주를 권하자 의아해합니다. 약간 부아가 난 앨리스는 위와 같이 말하죠. 앨리스의 말에서 진짜 주어는 to offer it(그것을 권하는 것)이고 문장 맨 앞의 it은 주어를 대신할 뿐 아무 뜻이 없어요. 이처럼 영어에서는 주어가 길면 뒤로 보내고 앞에는 의미 없는 가짜 주어 it을 대신 두는 경우가 많답니다. 앨리스와 3월 산토끼의 대화로 다시 볼까요?

Yum-yum!
It's nice to have teatime.

냠냠! 차 마시는 시간을 갖는 건 좋은 일이야.

Alice

That's right.
I could have tea all day.

맞아. 차를 온종일 마실 수도 있을 것 같아.

March Hare

01 김 새는 발음, 오, 노 ~!

영어에는 입김이 새지 않도록 조금 힘주어 발음해야 하는
경우가 있어요.

우리말과 달리 영어에는 입김이 새지 않도록 입 안으로 끌
어당기듯 발음하는 경우가 많아요. 예를 들어 기쁨을 뜻하
는 단어 joy가 그런 경우예요. 앞으로 joy를 발음할 때는
그냥 [조이]라고 하지 말고 [지오이]가 되도록 조금 힘주
어 발음하세요. 본문 16쪽에서 이런 발음을 찾아볼까요?

She followed the Rabbit and (   ) down
into the hole.

jumped 그냥 힘 없이 [점프트]라고 하지 말고 입 안의 소리가
밖으로 새지 않도록 막는 기분으로 약간 힘을 주어서 [지엄프트]에
가깝게 발음해 보세요. 너무 천천히 하지 말고 통통 튀듯 빨리 [지엄
프트]!

02 WO가 나오면 정신 차리세요!

won't의 wo는 입술을 오므렸다 펴면서 [우워어]라고
발음하세요.

wo로 시작되는 단어는 의외로 발음하기 까다로운 경우가
많답니다. will not의 줄임말 won't가 그런 단어죠.
won't를 발음할 때는 wo를 그냥 [워]라고 하지 말고 입
술을 오므렸다가 펴면서 [우워어]에 가깝게 발음해야 해
요. [원트]가 아니라 [우워운트]에 가깝게 말이죠. 본문 36
쪽에서 wo로 시작되는 또 다른 예를 확인해 볼까요?

> "Well, I (   ) like to be a little taller,"
> said Alice.

would [우드]로 편안하게 발음하지 말고 [우워드]에 가깝게 발음
해 보세요. 즉 입술을 오므려 [우] 발음을 한 후, 얼른 입술의 힘을
빼면서 살짝 [어] 발음을 곁들여야 합니다.

03 r과 l이 함께 오면…

r 다음에 l이 오면 혀를 구부려 윗니 뒤에 대었다 떼며
[r으리]로 발음하세요.

소녀를 뜻하는 단어 girl, 어떻게 발음하나요? 이처럼 r과 l
이 나란히 오는 단어는 발음하기 참 힘들죠? 이때 혀를 구
부려 [어r] 발음을 한 다음, 혀끝을 윗니 뒤에 붙였다 떼면
서 [으리] 발음으로 이어줍니다. 앞으로는 [걸]로 발음하지
말고 원어민처럼 [거r으리]로 발음해 보세요. 본문 43쪽에
서 r과 l이 나란히 오는 단어를 찾아볼까요?

Both of the footmen had (   ) white wigs
on their heads.

curly 그냥 [컬리]로 짧게 발음하지 말고 [커어r으리리]로 해주세
요. 혀를 안으로 구부려 윗니와 입천장의 경계선에 대었다 떼면서
[r]과 [l] 발음을 자연스럽게 연결하세요.

girl~

04 킹의 아내는 킨이 아니라 쿠이인 이에요!

qu는 [쿠이]에 가깝게 발음하고 뒤에 오는 모음과 분리하세요.

q와 u가 만나면 [쿠이]에 가깝게 발음한답니다. 그리고 qu를 뒤에 오는 모음과 합쳐서 발음하지 않도록 조심해야 해요. 따라서 여왕을 뜻하는 단어 queen도 [킨]이나 [퀸] 이 아니라 qu와 ee를 분리해 [쿠이인]에 가깝게 발음해야 한답니다. 그럼 85쪽에서 또 다른 예를 확인해 볼까요?

"Oh, I'm sorry!" She began picking up
the animals (   ).

quickly 혹시 [퀵클리]로 발음하고 있나요? qui를 한데 합쳐 발음하지 말고 qu와 i를 살짝 나눠서 [쿠이익]으로 발음해 보세요. 그러면 [쿠이익클리]에 가까운 소리로 들릴 거예요.

queen~

이상한 나라의 앨리스

1장 | 토끼 굴 속으로

p.16~17 앨리스는 강둑에 앉아 있었다. 그 옆에는 언니가 책을 읽고 있었다. 앨리스는 언니가 읽는 책을 보았다. 책에는 그림도 대화도 없었다.

'나는 그림도 대화도 없는 책은 질색이야.' 앨리스가 생각했다.

바로 그때 눈이 분홍색인 흰 토끼 한 마리가 뛰어 지나갔다. 앨리스는 종종 흰 토끼를 보았다. 하지만 이 토끼는 달랐다.

이 토끼는 시계를 꺼내 들고 "이런! 늦었네! 늦었어!"하고 외치는 것이 아닌가.

앨리스는 몹시 호기심이 나서 토끼를 뒤쫓아 뛰었다. 흰 토끼는 토끼 굴 속으로 사라졌다. 앨리스도 토끼를 따라 굴 속으로 뛰어들었다.

p.18~19 앨리스는 계속 아래로 떨어졌지만 매우 천천히 떨어졌다. 그래서 앨리스는 주변을 둘러볼 여유가 있었다. 굴의 벽면은 찬장과 책장으로 가득했다. 벽 여기저기에 지도와 그림들이 걸려 있었다. 아래로, 아래로, 아래로.

'이러다 지구를 꿰뚫고 나가겠는걸!' 앨리스가 생각했다.

갑자기 앨리스가 땅에 닿았다. 다치지는 않았다. 그때 멀리 흰 토끼가 보였다.

"이런, 이러다 늦겠는걸!" 흰 토끼가 말했다.

토끼가 모퉁이를 돌았다. 앨리스가 뒤쫓아 갔지만 토끼는 이미 사라진 뒤였다!

p.20~21 앨리스가 있는 곳은 천장이 낮은 긴 방이었다. 방에는 문이 여러 개 있었지만 모두 잠겨 있었다.

유리로 만든 탁자 위에 황금 열쇠가 하나 놓여 있는 것이 보였다. 열쇠는 커튼 뒤에 있는 아주 조그만 문에 딱 들어맞았다.

문에는 창문이 나 있었다. 앨리스가 창문으로 내다보니 창문 너머에 무척 아름다운 정원이 보였다. 앨리스는 정원에서 놀고 싶었지만, 문을 통과하기에는 몸이 너무 컸다.

앨리스는 다시 탁자로 가 보았다. 이번에는 탁자 위에 병이 하나 놓여 있었다. 병에는 '나를 마시시오.' 라는 꼬리표가 달려 있었다. 앨리스는 맛을 보았다. 맛이 좋아서 앨리스는 모두 마셔 버렸다.

"기분이 이상해! 이런, 내가 줄어들고 있잖아!" 앨리스가 말했다.

앨리스는 줄고 또 줄었다. 이제 앨리스는 작아져서 문을 통과할 수 있게 되었다.

p.22~23 앨리스는 당장 문으로 달려갔다. 하지만 가엾은 앨리스! 열쇠를 탁자 위에 놓고 왔던 것이다. 그리고 이제는 몸이 작아져서 손이 탁자 위에 닿지 않았다.

그때 탁자 옆에 작은 유리 상자가 보였다. 상자 위에는 '나를 먹으시오.' 라는 말이 쓰여 있었다. 앨리스가 상자를 열었더니 그 안에 아주 작은 케이크가 들어 있었다.

앨리스가 말했다. "이걸 먹겠어. 만약 이걸 먹고 더 커지면 열쇠를 잡을 수 있어. 만약 더 작아지면 그땐 문 아래로 기어서 나갈 수 있을 거야. 어떤 식으로든 난 저 정원으로 나갈 수 있을 거야."

앨리스가 케이크를 먹었더니 몸이 커지기 시작했다. 앨리스는 커지고, 또 커졌다. 그러다 머리가 천장에 부딪쳤다. 앨리스는 열쇠를 집어서 얼른 문으로 갔다.

p.24~25 가엾은 앨리스! 앨리스가 열쇠로 작은 문을 열었지만, 이제 몸이 너무 커진 바람에 문을 통과할 수가 없었다! 앨리스는 울음을 터뜨렸다.

"울음을 그쳐. 지금 당장 울음을 그치란 말이야!" 앨리스가 스스로에게 말했다. 하지만 울음이 그쳐지지 않았다.

앨리스는 울고 또 울었다. 앨리스 주위에 눈물이 흥건하게 고였다. 그런데 눈물이 앨리스 몸에 닿자 몸이 다시 줄어들기 시작했다.

"이런, 말도 안 돼. 지금은 또 너무 작아졌잖아!" 앨리스가 말했다.

앨리스가 이런 말을 하는 순간 한쪽 발이 미끄러졌다. 풍덩! 앨리스는 소금물 속에 있었다. 처음에는 바다에 빠졌나 보다고 생각했다.

"너무 펑펑 울었어! 내가 흘린 눈물에 빠져 죽을 수도 있겠어." 앨리스가 말했다.

그리고 앨리스는 기슭을 향해 헤엄쳐 갔다.

p.26~27 그때 멀리서 발자국 소리가 들렸다. 그러더니 흰 토끼가 다시 나타났다.

"내가 그걸 어디에 떨어뜨렸을까? 어디지?" 흰 토끼가 혼잣말을 했다.

흰 토끼는 자신의 장갑과 부채를 찾고 있었다. 그때 흰 토끼가 앨리스를 보고 화난 목소리로 말했다. "메리 앤, 집으로 뛰어가서 장갑 한 켤레와 부채를 가져와! 얼른!"

'나를 자기 집 하녀로 착각했나 봐!' 앨리스가 생각했다.

앨리스가 잠시 달려가다 보니 작고 귀여운 집이 나타났다. 문 위에는 '흰 토끼' 라는 이름이 붙어 있었다.

2장 | 토끼집과 버섯

`p.30~31` 앨리스는 흰 토끼의 집으로 들어갔다. 작은 방에 장갑 한 켤레와 부채가 있었다. 앨리스가 장갑과 부채를 집어 들자 작은 병 하나가 눈에 띄었다.

병에는 아무 꼬리표도 달려 있지 않았지만 앨리스는 이렇게 생각했다. '이걸 마시고 몸이 다시 커졌으면 좋겠는걸. 이렇게 작은 상태로 있는 건 너무 피곤한 일이야!'

앨리스는 병에 든 것을 마시기 시작했다. 그랬더니 머리가 금세 천장에 닿았다. 재빨리 병을 내려놓았지만 앨리스의 몸은 계속 자랐다.

곧 앨리스는 바닥에 무릎을 꿇고 앉아야 했다. 그 다음엔 누울 수밖에 없었다. 앨리스는 한쪽 팔을 문에 대고 다른 팔은 창문 밖으로 내밀었다. 그리고 한쪽 발은 벽난로 속으로 밀어 넣었다.

"이젠 아무것도 할 수 없어. 난 어떻게 되는 거지?" 앨리스는 혼자 중얼거렸다.

`p.32~33` 집에 도착한 흰 토끼는 창문 밖으로 튀어나온 거대한 팔을 보았다. 토끼는 하인에게 팔에 자갈을 던지라고 했다.

자갈들이 창문으로 날아들었다. 앨리스는 바닥에 떨어진 자갈들을 쳐다보았다. 그런데 놀랍게도 자갈들이 작은 케이크로 변하는 것이 아닌가!

'이 중 하나를 먹으면 몸이 작아질 거야.' 앨리스는 생각했다.

앨리스는 케이크 중 하나를 삼켰고, 곧바로 몸이 줄어들기 시작했다. 앨리스는 토끼집에서 도망쳐 나왔다.

`p.34~35` "참! 난 지금 너무 작은 상태지. 다시 커져야 해! 하지만 어떻게? 뭔가를 먹거나 마셔야 할 텐데. 하지만 뭘 먹지?" 앨리스가 말했다.

주변을 둘러보니 근처에 커다란 버섯이 있었다. 앨리스는 까치발로 서서 버섯 가장자리 너머를 올려다보았다. 앨리스의 눈이 애벌레의 눈과 마주쳤다. 애벌레는 버섯 꼭대기에 앉아 있었다.

애벌레가 문득 말을 꺼냈다. "너는 누구냐?"

"저도 잘 모르겠어요, 선생님. 오늘 아침에 일어났을 때는 제가 누군지 알고 있었어요. 하지만 제가 그 후로 여러 번 변했거든요." 앨리스가 대답했다.

"그 말이 무슨 뜻이지?" 애벌레가 물었다.

"하지만 먼저 당신이 누구인지 말씀해 주셔야죠." 앨리스가 말했다.

"그건 왜지?" 애벌레가 되물었다.

p.36~37 앨리스는 마땅한 이유가 생각나지 않아서 몸을 돌려 다른 곳으로 향했다. 그때 애벌레가 외쳤다. "돌아와! 그럼 너는 네가 변했다고 생각하는구나, 그렇지?"

"맞아요! 단 10분도 같은 크기를 유지하지 못하는걸요!" 앨리스가 말했다.

"어떤 크기가 되고 싶은데?" 애벌레가 물었다.

"글쎄요, 지금보다 키가 조금 더 커졌으면 좋겠어요." 앨리스가 말했다.

애벌레는 버섯에서 내려와 풀밭 속으로 기어들어가 버렸다.

그러면서 이렇게 말했다. "한쪽은 네 키를 크게 만들고, 다른 한쪽은 네 키를 작게 만들 거야."

"무엇의 한쪽을 말하는 거죠? 무엇의 다른 한쪽인데요?" 앨리스가 물었다.

"버섯 말이야." 애벌레가 말했다.

다음 순간 애벌레는 사라져 버렸다.

p.38~39 앨리스는 잠시 버섯을 쳐다보았다. 버섯이 둥글었기 때문에 앨리스는 어느 쪽이 오른쪽이고 왼쪽인지 알 수 없었다.

앨리스는 버섯 둘레로 두 손을 쭉 뻗어서 버섯을 조금씩 뜯어냈다. 앨리스는 오른손에 든 버섯 조각을 조금 먹었다. 그랬더니 키가 어찌나 빨리 줄어들었는지 턱이 발에 부딪치고 말았다! 앨리스는 이번에는 왼손에 든 버섯 조각을 조금 먹었다. 그랬더니 목이 계속 길어지기 시작해 곧 앨리스는 나무보다도 키가 커지고 말았다!

앨리스는 조심스럽게 다시 시작했다. 이쪽 손에서 조금 먹고 다음엔 저쪽 손에서 조금 먹었다. 어떤 때는 키가 커졌다가 다른 때는 다시 작아졌다. 결국 앨리스는 자신의 원래 키를 되찾았다.

p.42~43 앨리스는 걷기 시작해서 탁 트인 곳으로 나왔다. 작은 집이 한 채 보였다. 높이가 1미터 20센티미터쯤 되어 보이는 집이었다.

앨리스는 생각했다. '여기 사는 사람들은 분명 아주 작을 거야. 사람들을 겁주고 싶지는 않아.'

앨리스는 오른손에 든 버섯을 조금 먹었다. 곧 앨리스의 키는 20센티미터가 조금 넘을 정도로 작아졌다.

그때 숲에서 하인 한 명이 달려 나오는 것이 보였다. 하인은 물고기 얼굴을 하고 있었다. 그는 작은 집의 문을 쾅쾅 두드렸다.

다른 하인이 문을 열었다. 이번엔 개구리처럼 커다란 머리에 눈이 부리부리한 하인이었다. 두 하인 모두 머리 위에 흰색의 곱슬머리 가발을 쓰고 있었다.

물고기 하인이 말했다. "여왕께서 공작부인을 크로케 게임에 초대하셨습니다."

물고기 하인은 웃옷에서 편지를 꺼내 개구리 하인에게 건네주었다.

p.44~45 그리고 나서 두 하인은 깊이 고개 숙여 절했는데, 그 바람에 곱슬머리가 서로 뒤엉키고 말았다! 앨리스는 웃음이 터졌다. 그러다 하인들이 들을지도 모른다고 생각하고 나무 뒤에 몸을 숨겼다.

앨리스가 다시 집을 봤을 때 물고기 하인은 가고 없었다. 앨리스는 문으로 다가가 두드렸다.

"문을 두드려 봐야 소용없어. 나는 밖에 있고, 집 안은 시끄러우니 아무도 네 소리를 못 들을 거야." 개구리 하인이 말했다.

집 안에서 아주 시끄러운 소리가 났다. 우는 소리와 재채기 소리, 그리고 무언가 요란하게 깨지는 소리가 들렸다.

"제가 어떻게 해야 하죠?" 앨리스가 물었다.

"너 좋을 대로 해." 개구리 하인이 대꾸했다. 하인은 휘파람을 불기 시작했다.

"이런, 당신하고 말해 봐야 아무 소용없군요. 당신은 미쳤어요!" 앨리스는 이렇게 말하고 문을 열고 안으로 들어갔다.

p.46~47 문은 부엌으로 이어졌다. 공작부인이 걸상에 앉아 있었다. 공작부인은 품에 아기를 안고 있었다. 요리사가 불 위로 몸을 숙이고 냄비에 든 수프를 휘젓고 있었다.

앨리스가 재채기를 하기 시작했다. "수프에 후춧가루가 너무 많이 들어갔어요!" 앨리스가 말했다.

공작부인과 아기조차도 재채기를 하고 있었다. 재채기를 하지 않는 것은 요리사와 고양이뿐이었다. 고양이는 바닥에 앉아 입이 귀에 걸릴 만큼 빙그레 웃고 있었다.

"고양이가 왜 저렇게 웃고 있지요?" 앨리스가 물었다.

"체셔 고양이니까 그렇지. 그래서 그런 거야. 이 돼지야!" 공작부인이 말했다.

앨리스는 공작부인의 마지막 말을 듣고 깜짝 놀랐다. 하지만 그것은 공작부인이 앨리스에게 한 말이 아니라 아기에게 한 말이었다.

p.48~49 그때 난데없이 요리사가 공작부인과 아기를 향해 물건들을 집어 던지기 시작했다. 냄비와 팬, 납작한 접시와 움푹한 접시들이 마구 날아왔다!

아기가 울음을 터뜨렸다. 접시 하나가 아기 코를 아슬아슬하게 비껴갔다.

"안 돼요! 제발 그러지 마세요!" 앨리스가 요리사에게 소리쳤다.

"네 일에나 신경 써. 그리고 나를 귀찮게 하지 마. 옜다! 가지고 싶으면 네가 가져!" 공작부인은 이렇게 말하고 아기를 앨리스에게 던졌다.

앨리스가 외쳤다. "어떻게 아기를 던질 수 있어요? 당신은 미친 게 틀림없어요."

"아무튼, 나는 여왕의 크로케 게임에 갈 준비를 해야겠다." 공작부인은 이렇게 말하고 서둘러 방을 나가 버렸다.

p.50~51 앨리스는 아기를 안고 밖으로 나왔다. 아기가 꿀꿀거렸다.

앨리스가 아기의 얼굴을 들여다 보았다. 아기의 코가 사람 코가 아닌 돼지의 코와 비슷했다. 그리고 눈도 사람 아기의 눈이라고 하기에는 너무 작았다.

아기가 또 꿀꿀거렸다! 아기는 돼지였다!

앨리스가 땅에 내려 놓았더니, 새끼 돼지는 걸어서 숲 속으로 사라졌다.

그때 앨리스는 체셔 고양이를 보고 화들짝 놀랐다. 고양이는 나무 가지 위에 앉아 있었다.

"체셔 고양이야, 말해 줘. 내가 이제 어디로 가야 하지?" 앨리스가 말했다.

"저쪽으로 가면 돼. 거기 모자장수와 3월 산토끼가 살아. 둘 다 미쳤지만 말이야. 여기 있는 것들은 모두 미쳤어. 나도 미쳤고, 너도 미쳤어." 고양이가 말했다.

p.52~53 "내가 미쳤다는 걸 네가 어떻게 알지?" 앨리스가 물었다.

"그렇지 않다면 네가 왜 여기 있겠어?" 고양이가 말했다.

"그럼, 네가 미쳤다는 건 어떻게 알지?" 앨리스가 다시 물었다.

"자, 봐. 개는 화 나면 으르렁거리고 기분이 좋으면 꼬리를 흔들어. 나는 기분 좋을 때 으르렁거리고 화 날 때 꼬리를 흔들지. 그래서 난 미친 거야." 고양이가 말했다.

"고양이는 으르렁거리는 게 아니라 가르랑거리는 거지." 앨리스가 말했다.

"으르렁거리든 가르랑거리든, 마찬가지야." 고양이가 말했다.

그런 다음 고양이는 아주 천천히 사라지기 시작했다. 꼬리 끝부터 시작해 다음에는 몸이 사라졌다. 고양이의 웃는 입이 가장 나중에 사라졌다.

p.54~55 '세상에! 웃지 않는 고양이는 종종 봤어. 하지만 고양이 없이 웃는 입만 있다니! 정말 이상한 일도 다 있지!' 앨리스가 생각했다.

앨리스는 계속 걸었다. 그러다 3월 산토끼의 집이 보였다.

앨리스는 가까이 가기 전에 몸을 조금 키우기로 결심했다.

앨리스는 왼손에 든 버섯을 조금 먹었다. 그랬더니 키가 금세 60센티미터 정도로 자랐다. 이제 앨리스는 집을 향해 걸어갔다.

4장 | 엉망진창 티 파티와 크로케 게임

p.58~59 집 앞에는 나무 아래 식탁이 차려져 있었다. 3월 산토끼와 모자장수가 차를 마시고 있었다. 둘 사이에는 산쥐 한 마리가 앉아 있었다. 산쥐는 잠들어 있었다.

식탁은 널찍했지만 셋은 식탁 한쪽 구석에 모두 모여 있었다.

"자리가 없어! 자리가 없어!" 그들은 앨리스가 다가오는 것을 보자 이렇게 외쳤다.

"자리는 넉넉한데 뭘 그래요!" 앨리스가 말했다. 그리고 앨리스는 식탁에 놓인 안락의자에 앉았다.

"포도주 좀 마시지 그러니." 3월 산토끼가 말했다.

앨리스가 식탁을 둘러 보았지만 식탁 위에는 차 주전자 하나밖에 없었다.

"포도주는 전혀 보이지 않잖아요." 앨리스가 말했다.

"포도주는 없어." 3월 산토끼가 말했다.

p.60~61 "없는 걸 권하는 건 예의 없는 행동이었어요."
앨리스가 말했다.

"초대도 받지 않고 와서 앉는 것도 예의 있는 행동은
아니었지." 3월 산토끼가 말했다.

모자장수가 주머니에서 시계를 꺼내 들여다보았다.
그리고 시계를 귀에 가져다 댔다.

"오늘 날짜가 뭐지?" 모자장수가 앨리스에게 물었다.

"4일이요." 앨리스가 대답했다.

"이틀이나 틀리잖아! 내가 시계를 버터로 닦아서 그래! 그래서 시계가 고장 난 거
야." 모자장수가 말했다.

3월 산토끼가 시계를 집어 들고 말했다. "하지만 가장 좋은 버터였는데."

앨리스는 생각했다. '시계를 버터로 닦았다고? 무슨 말을 하는 거야?'

앨리스는 무슨 소린지 통 알 수가 없었지만 아무 말도 하지 않았다.

p.62~63 모자장수가 말했다. "나는 시간과 다퉜어. 지난해 3월, 난 여왕이 연 음악
회에서 노래했지. 그런데 여왕이 '저놈이 시간을 죽이고 있잖아! 저놈의 목을 베라!'
고 하는 거야."

"어머나, 끔찍해라!" 앨리스가 외쳤다.

"그 후로 시간은 나와 친하게 지내지 않아. 시간은 이제 내 부탁은 전혀 들어주지 않
아! 그래서 시간이 항상 6시인 거야." 모자장수가 서글프게 말했다.

"그래서 여기 찻잔이 이렇게 많이 나와 있는 건가요?" 앨리스가 물었다.

"그래. 항상 차 마시는 시간이라 우리가 찻잔을 닦을 시간이 없거든." 모자장수가
말했다.

앨리스는 이들의 이상한 대화에 싫증이 났다. 앨리스는 일어나 자리를 떠났다.

"모두 미친 게 틀림없어. 다시는 저기 가지 않을 테야!" 앨리스가 중얼거렸다.

p.64~65 앨리스는 아름다운 정원으로 들어섰다. 정원 문 근처에 장미 나무가 있었
다. 나무에 달린 장미는 흰색이었지만 정원사 세 명이 꽃을 붉은색으로 칠하고 있었
다. 정원사들은 카드였기 때문에 몸이 모두 납작했다.

"말해 주세요. 왜 장미를 칠하고 있는 거죠?" 앨리스가 말했다.

"여왕님이 우리에게 여기 붉은색 장미 나무를 심으라고 하셨는데, 우리가 실수로
흰색 장미 나무를 심어버렸어. 여왕님이 아시면 우리 머리를 베라고 하실 거야." 정원
사 중 하나가 말했다.

그때 다른 정원사가 외쳤다. "여왕님이다! 여왕님이다!"
그러자 정원사 셋이 동시에 엎드렸다.

p.66~67 열 명의 병사들이 행진해 들어왔다. 병사들도 정원사들처럼 카드였다. 병사들은 곤봉을 들고 있었다.
신하들이 뒤이어 들어왔다. 신하들도 역시 카드였고, 다이아몬드를 걸치고 있었다.
다음으로는 손님들이 들어왔다.
앨리스는 손님들 중에 흰 토끼가 끼어 있는 것을 보았다. 흰 토끼는 앨리스를 알아보지 못하고 그대로 지나쳤다.
손님들에 이어 하트의 잭이 들어왔다. 잭은 왕관을 얹은 벨벳 쿠션을 들고 있었다.
마지막으로 하트의 왕과 여왕이 들어왔다.
행렬은 앨리스가 있는 곳에 이르자 멈춰 섰다.
"네 이름이 뭐지, 얘야?" 여왕이 물었다.
"제 이름은 앨리스라고 합니다, 여왕 폐하."
앨리스가 정중하게 말했다.
"크로케 게임을 할 줄 아느냐?" 여왕이 물었다.
"네!" 앨리스가 대답했다.
"그럼 따라오너라!" 여왕이 외쳤다.
앨리스는 행렬에 끼었다.

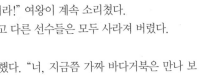

p.68~69 "각자 위치로!" 여왕이 외쳤다.
사람들이 사방팔방으로 뛰어다니기 시작했다.
크로케 게임은 아주 이상했다.
크로케 공은 고슴도치였고, 공을 치는 나무망치는 홍학이었다. 병사들이 두 손과 두 발을 땅에 짚고 공이 통과하는 문을 만들었다.
"게임을 시작하라." 여왕이 말했다.
모두들 동시에 공을 치기 시작했다. 커다란 새로 움직이는 고슴도치를 치는 것은 아주 어려웠다. 게임이 몹시 혼란스러웠다. 여왕은 다른 선수들 모두와 다툼을 벌였다.
"저놈의 목을 베어라! 저 여자의 목을 쳐라!" 여왕이 계속 소리쳤다.
얼마 안 가 왕과 여왕, 앨리스를 제외하고 다른 선수들은 모두 사라져 버렸다.

p.70~71 그러자 여왕이 앨리스에게 말했다. "너, 지금쯤 가짜 바다거북은 만나 보았느냐?"

"아뇨. 그런 건 본 적도, 들은 적도 없어요." 앨리스가 말했다.

"그럼 따라 오너라. 가짜 바다거북이 너에게 자신의 지난 이야기를 들려줄 거다." 여왕이 말했다.

둘은 걷기 시작했고, 곧 햇볕에 누워 잠들어 있는 그리폰이 보였다.

여왕이 말했다. "일어나라, 이 게으른 녀석아! 여기 이 아가씨를 데려가서 가짜 바다거북을 보여주어라." 그리고 여왕은 가 버렸다.

"따라와." 그리폰이 말했다.

얼마 지나지 않아 그들은 가짜 바다거북이 있는 곳에 다다랐다.

"이 아가씨가 네 이야기를 듣고 싶어해." 그리폰이 말했다.

가짜 바다거북이 한숨을 내쉬더니 자신의 이야기를 시작했다.

p.72~73 "한 때는 나도 진짜 거북이었어. 우리가 어렸을 때, 우린 매일 바다에 있는 학교를 다녔지."

"그럼 하루에 몇 시간이나 수업을 받았어요?" 앨리스가 그의 말을 끊고 물었다.

"첫날에는 10시간, 다음 날은 9시간, 그 다음 날엔 8시간. 그런 식으로 받았지." 가짜 바다거북이 말했다.

"정말 이상해!" 앨리스가 말했다.

"그래서 수업(lesson : 레슨)이라고 부르는 거야. 하루하루 줄어들잖아(lessen : 레슨)." 그리폰이 말했다.

"그럼 열한 번째 날은 휴일이었겠네요?" 앨리스가 말했다.

"당연하지." 가짜 바다거북이 말했다.

그때 갑자기 멀리서 누군가 외치는 소리가 들렸다. "재판 시작!"

"서둘러!" 그리폰이 소리쳤다. 그리폰은 앨리스의 손을 잡고 서둘러 달려갔다.

"무슨 재판인데요?" 앨리스가 물었지만 그리폰은 그저 더욱더 빨리 달릴 뿐이었다.

5장 | 재판

p.78~79 하트의 왕과 여왕이 왕좌에 앉아 있었다. 한 벌의 카드들뿐 아니라, 온갖 종류의 새와 동물들도 다 모여 있었다.

'가발 쓴 것을 보니 왕이 판사구나.' 앨리스는 생각했다.

왕은 가발 위에 왕관을 썼는데 그다지 편해 보이지는 않았다.

흰 토끼가 왕 옆에 서 있었다. 흰 토끼는 한 손에는 트럼펫을, 다른 손에는 두루마리를 들고 있었다.

앨리스는 계속 생각했다. '그리고 저기는 배심원석이야. 저 열두 동물이 배심원들이 틀림없어.'

법정 한가운데 탁자가 있었다. 탁자 위에는 타르트가 담긴 접시가 놓여 있었다. 타르트는 아주 맛있어 보였고, 앨리스는 배가 고파졌다.

`p.80~81` "법정 정숙!" 흰 토끼가 외쳤다.

이어 왕이 말했다. "고소장을 읽어라!"

흰 토끼가 트럼펫을 불었다. 그리고 두루마리를 펼쳐서 읽기 시작했다.

"어느 여름 날,

하트의 여왕께서 타르트를 만드셨다.

하트의 잭이 그 타르트를 훔쳐서

모두 가지고 달아났다!"

"아주 좋아! 첫 번째 증인을 불러라." 왕이 말했다.

흰 토끼는 다시 트럼펫을 분 다음, 큰소리로 외쳤다. "첫 번째 증인!"

모자장수가 들어왔다. 그는 한 손에는 찻잔을, 다른 손에는 빵 조각을 들고 있었다.

바로 이때 앨리스는 아주 이상한 기분이 들었다. 몸이 다시 천천히 커지기 시작했던 것이다. 앨리스는 일어나서 나갈까 생각했다. 하지만 자리가 있는 한 버텨 보기로 작정했다.

`p.82~83` "증언을 해라. 긴장을 풀어라. 그렇지 않으면 벌을 주겠다." 왕이 모자장수에게 말했다.

여왕은 모자장수를 유심히 노려보고 있다가 이렇게 외쳤다. "작년 음악회에 참석했던 가수들의 명단을 가져와라!"

불쌍한 모자장수는 찻잔과 빵을 떨어뜨렸다.

"저는 보잘것없는 사람입니다, 폐하." 모자장수가 빌었다.

"그리고 아주 형편없는 증인이다. 그만하면 됐다. 가도 좋다!" 왕이 말했다.

모자장수는 황급히 법정을 빠져나갔다.

"저놈 목을 베라!" 여왕이 외쳤다.

병사들이 문으로 갔지만 모자장수는 이미 모습을 감춘 뒤였다.

"다음 증인을 불러라!" 왕이 말했다.

흰 토끼가 명단을 집어 들었다. 앨리스는 다음 증인이 누구일지 궁금해졌다.

다음 순간 앨리스는 흰 토끼가 우렁찬 소리로 "앨리스!"하고 부르는 것을 들었다.

p.84~85　 앨리스는 "여기요!"하고 큰소리로 대답하며 일어섰다. 이때쯤 앨리스의 몸은 상당히 커져 있었다. 앨리스가 벌떡 일어날 때 배심원석을 홀랑 뒤집어엎고 말았다. 앉아 있던 동물들은 바닥으로 떨어졌다.

"이런, 미안해요!" 앨리스는 재빨리 동물들을 주워 올려놓기 시작했다.

"이 일에 대해 무엇을 알고 있느냐?" 왕이 물었다.

"아무것도 몰라요." 앨리스가 대답했다.

"그 말은 아주 중요한 증언이다." 왕이 말했다. 그리고 왕은 가지고 있던 책을 보고 큰소리로 읽었다. "법률 제42항. 키가 1,600미터를 초과하는 자는 법정을 떠나야 한다."

모두들 앨리스를 쳐다보았다.

"난 1,600미터가 아니에요." 앨리스가 말했다.

"아니지." 왕이 말했다.

"거의 3,200미터는 될걸." 여왕이 말했다.

"아무튼 전 안 갈래요." 앨리스가 말했다.

p.86~87　 "증거가 더 있습니다, 폐하." 흰 토끼가 말했다.

"그게 뭐지?" 여왕이 물었다.

"그게, 시입니다." 흰 토끼가 말했다.

"읽어라." 왕이 명령했다.

흰 토끼는 읽기 시작했다.

"나는 그녀에게 하나를 주었네. 그들이 그에게 두 개를 주었네.

당신이 우리에게 세 개를, 그리고 더 주었네.

그들은 받은 것을 당신에게 모두 돌려주었네.

비록 전에는 그것들이 내 것이었지만 말이야."

"저건 가장 중요한 증언이다." 왕이 말했다.

"이게 무슨 뜻인지 말해 주세요." 앨리스가 말했다.

"뻔하지. 내가 그녀에게 하나를 주었고 그들이 그에게 두 개를 주었다잖아. 그놈이 타르트로 무엇을 했는지를 말하는 게 틀림없어." 왕이 말했다.

"하지만 그들이 당신에게 모두 돌려주었다는 말도 나오잖아요." 앨리스가 말했다.

p.88~89 "그래, 맞아! 바로 저기 그 타르트가 있지. 그건 명백해. 배심원단에게 먼저 결정을 내리라고 하자." 왕이 말했다.

"안 돼, 안 돼!" 여왕이 막았다. "처벌부터 하고 그 후에 배심원단이 그자가 그랬는지 아닌지 결정한다."

앨리스가 소리 높여 외쳤다. "말도 안 돼요! 벌부터 먼저 주는 게 어디 있어요!"

"조용!" 여왕이 외쳤다.

"싫어요!" 앨리스가 말했다.

"저 애의 목을 베라!" 여왕이 소리질렀다.

아무도 움직이지 않았다.

"누가 당신에게 신경이나 쓴대요?" 앨리스가 말했다. 앨리스는 이제 커질 만큼 커져 있었다. "당신들은 카드 한 벌에 불과해!"

그때 갑자기 카드들이 전부 공중으로 날아올라 앨리스에게 달려들었다. 앨리스는 비명을 지르며 카드들을 막으려 애썼다.

"저 애의 목을 베라!" 여왕이 외치는 소리가 들렸다. "저 애의 목을 베라!"

p.90~91 눈을 뜨니 앨리스는 언니의 무릎을 베고 강둑에 누워 있었다.

"일어나, 앨리스! 무슨 잠을 그렇게 오래 자니!" 언니가 말했다.

"이런, 꿈이었구나!" 앨리스가 말했다.

그리고 앨리스는 언니에게 자신이 겪은 이상한 모험을 들려 주었다.

앨리스가 이야기를 마치자 언니는 앨리스에게 키스하며 말했다. "정말 멋진 꿈을 꾸었구나. 하지만 이제 차를 마시러 가야지. 이러다 늦겠어."

앨리스는 일어나서 차를 마시러 뛰어갔다. 앨리스는 뛰어가며 생각했다. '정말 멋진 꿈이었어.'